SHANTI TAN

IN THE MOOD FOR FOOD

SHANTI TAN

In the mood for food

ESSEN, DAS GLÜCKLICH MACHT

Community EDITIONS

Inhalt

HEY DU!

Ich freue mich sehr, dass du dieses Buch in den Händen hältst! Vielleicht kennst du mich ja schon, vielleicht auch nicht. Falls nicht: Hi, ich bin Shanti, 1996 geboren, und halte seit 2012 regelmäßig mein Gesicht in eine Kamera – aka ich mache YouTube-Videos und bin auch auf Instagram zu finden. Und anscheinend schauen sich das einige Menschen seitdem ganz gerne an – verrückt!

Ich habe schon immer leidenschaftlich gerne gekocht und probiere unheimlich viel in meiner Küche aus. Seit einigen Jahren ernähre ich mich im Prinzip komplett vegan – »im Prinzip«, denn es gibt nie schwarz oder weiß und verbieten sollte man sich sowieso nichts! Ich habe besondere Freude daran gefunden, »normale« Gerichte zu »veganisieren«. Denn früher habe ich vegan oft nur mit »Tofu, Quinoa und Salat ohne alles« verbunden. Aber das ist ein totaler Irrglaube!
Ich habe festgestellt, dass man im Prinzip alles vegan haben kann. Und dann habe ich mir ziemlich schnell die Frage gestellt: ***Wenn mir alles auch genauso gut in vegan schmeckt, ich nichts vermisse und es mir damit super geht – warum dann noch anders?!***

Ich denke, mittlerweile wissen wir alle, dass die vegane Ernährung auch für Tier und Natur toll ist. Das heißt nicht, dass sich jetzt jede*r sofort vegan ernähren sollte, überhaupt nicht. Ich glaube, wenn man vielleicht ab und zu einige vegane Gerichte in seine Ernährung integriert, ist das schon super. Man muss sich selbst nicht in eine Schublade stecken und Ernährung sollte niemals zu streng gesehen werden. Das verdirbt doch auch schnell den Spaß! ***Kochen ist Kreativität und Freiheit. Also mach es so, wie du dich gut fühlst.***
Und wenn du Lust hast, neue Rezepte auszuprobieren und dir selbst oder deiner Familie zu zeigen, wie lecker vegan ist, dann bist du hier genau richtig!

Dieses Buch ist voll mit meinen persönlichen veganen Wohlfühlrezepten. Sie spiegeln so ziemlich das wider, was in meinem Kopf abgeht: Mal habe ich Lust auf einen frischen Salat, mal auf eine deftige Lasagne! Es gibt keinen geraden Weg und keine Grenzen. Geht es dir genauso?
Dieses Buch ist kein Ratgeber à la »So nimmst du ab und isst ausschließlich gesund« – wenn du das suchst, musst du leider woanders schauen. Dieses Buch ist so bunt und vielseitig wie das Leben. Hier findest du von allem etwas! Ich war schon immer schlecht darin, mich an Regeln in der Ernährung zu halten, und deswegen habe ich mich schon vor langer Zeit von solchem Denken verabschiedet. Hier gibt es kein schlechtes Gewissen, sondern einfach nur Genuss!
Außerdem findest du hier auch viele Seiten mit Tipps und Platz für dein persönliches Food Diary.

Und jetzt wünsche ich dir ganz viel Spaß beim Ausprobieren und Genießen!

Shanti ♡

Bevor es losgeht

GEDANKEN ZUM THEMA ERNÄHRUNG

Bei meiner Ernährung habe ich mich schon vor langer Zeit von Regeln verabschiedet. Viele denken sich wahrscheinlich: »Okay, witzig. Du ernährst dich doch vegan.« Und ja, das stimmt. Aber genau da liegt der Irrglaube.

> ***Vegane Ernährung ist relativ simpel und hat überhaupt nichts mit Einschränkungen zu tun – ganz im Gegenteil!***

Mittlerweile fühlt es sich so natürlich für mich an, dass ich gar nicht mehr darüber nachdenke, was geht und was nicht. Alles, was ich gerne esse, kann ich doch weiterhin haben. So gut wie nie denke ich mir: »Ach Mann, das würde ich jetzt gerne essen, aber das ist nicht vegan.«

> ***Es fühlt sich weder wie eine Einschränkung an, noch wie ein Verzicht.***

Und jetzt, wo wir das Wichtigste schon mal vorab geklärt haben, komme ich zurück zu dem Punkt, dass ich mich von allen Regeln verabschiedet habe. Du fragst dich sicher, wie es dazu kam. Ich möchte dir etwas mitgeben ...

Als junges Mädchen hatte ich, wie viele junge Mädchen und auch Jungen, etwas mit mir selbst zu kämpfen. Und das war wirklich fies. Man steckt mitten in der Entwicklung und von überall werden einem Schönheitsideale förmlich zugeworfen. Du kennst sie alle: Die »Bikinifigur«, die man zum Sommer unbedingt erreichen muss, ist nur eines der vielen schrecklichen Schlagwörter.

Ich habe mich häufig mit anderen verglichen und war irgendwann einfach unzufrieden mit mir selbst. Das Resultat war eine krankhafte Beziehung zu Essen, die sich nach und nach eingeschlichen hat. Im Alter von ungefähr 15 Jahren hatte ich dann einige Jahre mit Bulimie zu kämpfen. Ich habe es als emotionalen Komfort gesehen, große Portionen auf einmal zu essen, und doch habe ich mich direkt danach total schlecht und eklig gefühlt und wollte alles loswerden. Und da fing eine lange Reise an ...

Ständig waren da diese Gedanken und diese strengen Regeln, die ich mir selbst aufgebürdet habe: »Nein, das solltest du nicht essen!«, »Wenn du das isst, darfst du danach den ganzen Tag nichts mehr essen!« oder »Okay, du darfst das essen, wenn du dann eine Runde

Sport machst!«. Und für mich haben sich diese Gedanken normal angefühlt. Ich dachte, jede*r hätte sie. Immerhin wird einem von überall ständig mitgeteilt, was »gut« und was »schlecht« ist, und was als »schlecht« bezeichnet wird, sorgt eben für ein schlechtes Gewissen – ganz simple Mathematik, oder nicht?

Guess what! Nein! Man kann seinen Körper nähren, ohne sich ständig Gedanken darüber machen zu müssen, was man sollte oder was nicht. Und ich kann hier natürlich nur für mich sprechen. Ich kann nur davon berichten, was für mich funktioniert und mich zu einem Umdenken bewegt hat. Ernährung ist so ein sensibles Thema und einfach so individuell, dass ich natürlich kein Geheimrezept habe. Wenn du wirklich mit dir strugglest und alleine nicht aus diesem Strudel rauskommst, dann such dir Hilfe, sprich mit deiner Familie oder deinen Freunden darüber – und pass auf dich auf! <3

> ***Ich möchte dir nur eines mitgeben und das ist der Gedanke, dass du alles kannst und nichts musst!***

Tatsächlich hat diese entspannte Einstellung zu Essen ungefähr auch in dem Zeitraum begonnen, in dem ich angefangen habe, mich vegan zu ernähren. Eines Tages habe ich festgestellt, dass ich nicht mehr wusste, wann ich mir zuletzt selbst etwas verboten habe. Und dass ich mir etwas »verboten« habe, hört sich für dich vielleicht extrem an. Aber für mich war das ganz normal. Ich habe nicht einmal darüber nachgedacht, dass das nicht gesund sein könnte.
Den Grund für den Wandel sehe ich einfach in dem Vertrauen auf meine Intuition. Ich habe einfach nur noch auf meinen Körper gehört und mich von ihm leiten lassen. Und das lässt alle Leitfäden und Regeln, die es so gibt, an dir abperlen: »Nur drei Mahlzeiten am Tag!«, »Nach 18 Uhr nichts mehr essen!«, »Nein, lieber fünf kleine Mahlzeiten«, »Nur Low Carb« oder »Nur Low Fat« – all das wird egal, wenn du auf dein Bauchgefühl hörst.

> ***Denn wer einmal verstanden hat, wonach der Körper und die Seele verlangen, kann essen, was er oder sie will.***

Ich esse immer dann, wenn es sich für mich richtig anfühlt. Das kann sechs Mal am Tag sein, manchmal aber auch nur zwei Mal am Tag und dafür mit Snacks zwischendurch. Das kommt eben ganz darauf an, wie viel Energie mein Körper an dem jeweiligen Tag benötigt. Für mich persönlich funktioniert das so am besten und mir geht es damit besser denn je! Vergiss, was andere sagen – ja, vergiss vielleicht gleich auch wieder, was ich sage.

> ***Merke dir nur eines: Du bist das Wichtigste für dich, also höre auf deinen Körper und schau, was für dich am besten funktioniert!***

Tschüss Verzicht, Hallo Genuss!

VEGAN IST EASY!

Ich werde oft gefragt, warum ich mich vegan ernähre, ob ich wirklich nie Ausnahmen mache, ob ich nichts vermisse und vieles mehr. Ich empfinde es tatsächlich als supereasy, mich vegan zu ernähren (zumindest zu Hause). Warum ich das alles sage, erfährst du hier!

In großen Städten haben die meisten Restaurants mittlerweile komplett vegane Gerichte und in einigen Städten gibt es auch viele komplett vegane Restaurants, was ein absoluter Traum ist! Dort gehe ich supergerne hin und auch Nicht-Veganer*innen finden das oft richtig cool. Vegane Ernährung ist absolut keine Nische mehr, denn mittlerweile ernähren sich so viele Leute vegan und teilen online massig Tricks, Rezepte und Inspirationen. Auch bei den Lebensmittelherstellern ist dieser Lifestyle angekommen, wodurch man auch beim Einkaufen superviele vegane Alternativen findet, die besonders beim Einstieg in die vegane Ernährung hilfreich sind und Spaß machen.

Woran viele nicht denken: Vegane Ernährung bedeutet nicht, dass man alles mit industriell hergestellten Ersatzprodukten ersetzen (schmeckt manchmal auch) oder gar Lebensmittel weglassen muss. Man kann viele Gerichte einfach »veganisieren« und vermisst somit nichts!

So viele Gerichte sind eigentlich schon vegan oder die Natur bietet einfache vegane Alternativen – denk mal drüber nach, wie viele fallen dir ein?

Mir persönlich ist es aber sehr wichtig, mir nichts zu verbieten oder mich eingeschränkt zu fühlen (du weißt schon, das mit den Regeln und so). Vor allem zu Hause ist vegan kochen und essen ganz normaler Alltag und Routine. Im Ausland kann das jedoch schon mal anders aussehen. So musste ich ab und an schon feststellen, dass man im Restaurant nicht wusste, was »vegan« bedeutet. Kommunikationsschwierigkeiten haben dann dazu geführt, dass dann doch mal was mit Käse serviert wurde. Und was habe ich getan? Ich habe es dann einfach gegessen. Ich esse es in den meisten Fällen dann trotzdem, weil es für mich wichtig ist, mit meinem Kauf ein Zeichen zu setzen. Wenn ich ein Restaurant das gebrachte Essen wegschmeißen lasse, ist das nicht besonders zielführend. Lebensmittelverschwendung ist einfach uncool!

Und all das erzähle ich dir jetzt, damit du keine Angst vor der veganen Ernährung hast. Ich sage, dass ich mich vegan ernähre, aber es gab in den letzten drei Jahren schon mehrere Situationen, in denen ich aus verschiedenen Gründen etwas Nicht-Veganes gegessen habe. Und das ist vollkommen okay!

> ***Nur weil du dich für einen Weg entscheidest, heißt das nicht, dass du nicht auch mal eine Abzweigung nehmen oder für einen Moment mal wieder komplett umdrehen kannst. So ist das auch mit der Ernährung.***

Lass dir vor allem von außen keinen Druck machen. Das Wichtigste ist und bleibt immer, dir selbst etwas Gutes zu tun. Und wenn du dann doch mal Lust auf die normale Bratwurst hast, weil es beim Grillabend mit der Family keine veganen Optionen gibt oder weil du einfach Appetit drauf hast, dann iss sie doch! Das ist allemal besser, als sie am Ende wegzuschmeißen. Und wenn du happy bist und das Essen genießen kannst, dann hast du doch alles richtig gemacht!

Das Ziel sollte niemals sein, sich selbst oder jemandem eine Art der Ernährung oder Lebensweise, zum Beispiel die vegane, aufzuzwingen. Es sollte außerdem nicht so sein, dass man sich selbst schlecht fühlt oder anderen ein schlechtes Gefühl gibt, wenn die Ernährung Auf und Abs hat, nicht einer bestimmten Diät folgt oder nicht geradlinig ist.

> ***Jede*r soll sich so ernähren, wie es sich für sie oder ihn richtig anfühlt.***

Für mich heißt das: Schluss mit dem Schubladendenken und dem Aufzwingen von Meinungen! Lasst uns voneinander lernen und einander inspirieren! Ich hoffe, dass euch meine veganen Wohlfühlrezepte genauso glücklich machen wie mich und dass ihr sie zu euren Lieblingsrezepten machen könnt.

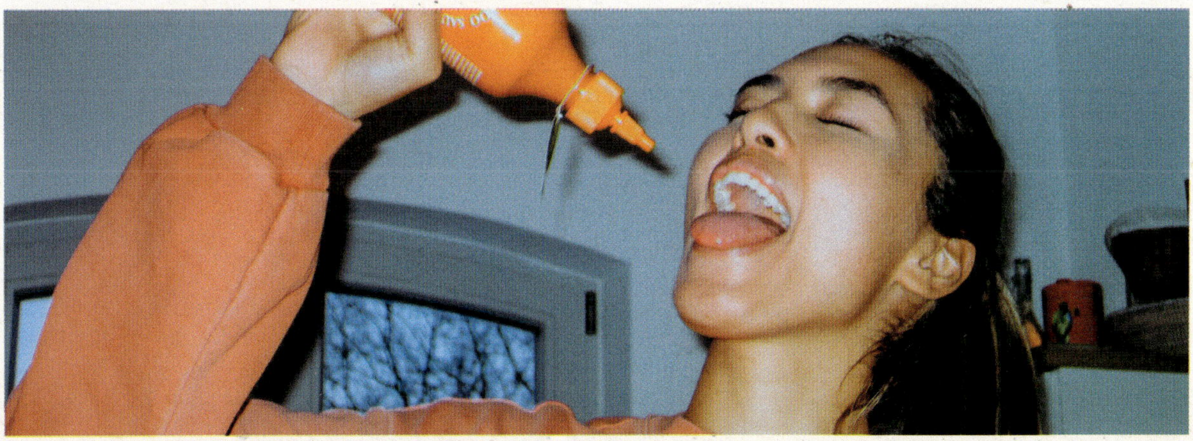

EIN EIGENES KOCHBUCH – WAIT, WHAT?

Ich habe ein Kochbuch geschrieben – für mich und vor allem für dich! Wie dieses Kochbuch funktioniert und wie du es zu deinem Kochbuch und deinem ganz persönlichen Food Diary machst, erfährst du in diesem Interview mit mir selbst.

WARUM HEISST DIESES BUCH »IN THE MOOD FOR FOOD«?

Im Prinzip ist der Titel selbsterklärend. Ich wollte eine große Auswahl an einfachen Gerichten bereitstellen – egal, worauf du gerade Lust hast, du findest es hier! Du hast Lust auf gutes Essen? Von einem meiner Lieblingsrezepte für Baked Oats bis zu einer veganen Version der beliebten Königsberger Klopse ist alles dabei.

WARUM IST DIESES BUCH ANDERS ALS ANDERE KOCHBÜCHER?

Es ist nicht nur ein Kochbuch, sondern zugleich auch dein eigenes Koch- und Foodtagebuch! Du kannst auf den Reflexionsseiten zu Beginn eines jeden Kapitels deine eigene Ernährung und deine Liebe zum Kochen und Essen reflektieren. Denn darüber macht man sich oft viel zu wenig (oder auch zu viele, aber dann die falschen) Gedanken, oder? Du findest auch kleine Aufgaben und Fragen unter vielen Rezepten, die dich dazu inspirieren sollen, achtsamer beim Essen und Kochen zu sein. Ich persönlich habe immer große Lust, neue Rezepte auszuprobieren, und gerade in der veganen Küche macht es irgendwie besonders viel Spaß, auf Entdeckungstour zu gehen. Ich hoffe sehr, dass du genauso viel Spaß daran hast, dich hier durchzuprobieren, und vielleicht sogar dazu inspiriert wirst, deine eigenen Wohlfühlrezepte zu kreieren. Dafür findest du am Ende jedes Kapitels die »Food Diary«-Seiten.

FÜR WEN IST DIESES BUCH?

Dieses Buch ist nicht nur für Veganer*innen. Hier ist jede*r willkommen. Vor allem würde ich mich freuen, wenn Leute, die veganer Ernährung eventuell kritisch gegenüberstehen, durch dieses Buch merken, dass sie so viel mehr als nur Tofu und Salat zu bieten hat. Und alle, die sich bereits vegan ernähren, sollen sich täglich beim Kochen inspiriert fühlen!

WORAUF WURDE BEI DER REZEPTENTWICKLUNG GEACHTET?

Jedes Rezept in diesem Buch kannst du ganz individuell abwandeln, indem du Zutaten austauschst oder sie einfach weglässt, wenn sie dir nicht schmecken. So wollte ich garantieren, dass du genau das findest, worauf du Lust hast. Oft gebe ich dir Tipps und nenne Alternativen – probiere sie oder deine eigenen auf dem Weg zu deinem Lieblingsrezept doch mal aus! Ich hoffe, dass du das hier zu einem kleinen Erlebnis machen kannst und dankbar für jede Mahlzeit bist!

WIE KAM ICH DAZU, EIN KOCHBUCH ZU SCHREIBEN?

Ich bin natürlich keine gelernte Köchin. Aber ich bin davon überzeugt, dass Kochen nicht einschüchtern sollte, denn man muss keine Sterneküche beherrschen, um großen Spaß zu haben und satt zu werden.

Kochen bringt mich runter und ist ein großes Hobby von mir geworden. Als ich zwölf war, wurde der »Shanti-kocht-Samstag« in meiner Familie eingeführt und ich habe es geliebt! Mein erstes Gericht: Nudeln mit Tomatensoße. Ein Klassiker. Seitdem habe ich, bis ich ausgezogen bin, jeden Samstag für alle gekocht. Als ich dann irgendwann das Internet und YouTube entdeckt habe, habe ich nach neuer Inspiration gesucht und mich gefreut, wenn ich ein neues Lieblingsrezept gefunden habe. Ständig habe ich neue Gerichte ausprobiert und Stunden in der Küche verbracht.

Irgendwann habe ich damit angefangen, meine Freude am Kochen und Essen auf YouTube zu teilen, und »Food Diaries« wurden zu meinen beliebtesten Videos. Zu sehen, wie viele Leute meine Rezepte nachgekocht haben, war jedes Mal ein verrücktes Gefühl! So habe ich meine Videos im Prinzip zur Dokumentation genutzt – wie ein Kochbuch mit meinen Lieblingsrezepten, nur in Videoform. Kommentare wie »Wann kommt dein eigenes Kochbuch?« habe ich brav überflogen und anfangs nicht einmal ernst genommen, da ich mir dachte, dass das nur Profis können!

Aber warum sollte das eigentlich nur etwas für Profis sein? Ich habe Spaß daran, meine Zuschauer*innen haben Spaß an meinen Rezepten – Let's do it!
Und diese Möglichkeit hätte ich niemals ohne dich gehabt, weil du mich schon so lange unterstützt, meine Rezepte ausprobierst oder dich von mir in irgeneiner Form inspirieren lässt. Für dieses Buch habe ich mich dann im Prinzip einige Monate eingeschlossen, Rezepte geschrieben, Dinge ausprobiert und auch alle Fotos bei mir in der Küche geschossen. Dabei Abwechslung zu kreieren war eine kleine Challenge, aber hat mir extrem viel Spaß gemacht! Ich hoffe, dass du und auch alle, die mich gerade erst kennenlernen, ganz viel Freude mit diesem Buch haben und ebenso die Leidenschaft zum Kochen entdecken.

Rezeptkategorien

Alle Rezepte in diesem Buch sind in Kategorien aufgeteilt. Du erkennst sie an den kleinen Icons rechts oben auf jeder Rezeptseite. Diese sagen dir direkt, um was für ein Rezept es sich handelt. Beim Durchblättern kannst du so schnell ein Rezept finden, das deinen Bedürfnissen in diesem Moment gerecht wird! Wofür die Icons stehen, erkläre ich dir hier:

DIREKT INS HERZ

Die Rezepte dieser Kategorie sind absolute Soulfood-Rezepte! Hierbei handelt es sich um ordentliche Mahlzeiten, die direkt ins Herz gehen. Es sind Rezepte, die schön süß oder richtig deftig sind, die dich umarmen und dir ein gutes Gefühl geben: Herzerwärmer halt! Such nach dem Herz-Icon, wenn du etwas brauchst, das dich von innen wärmt und sofort glücklich macht!

UNBESCHWERTES

Richtig gelesen: Hier geht es um Unbeschwertes und damit um Rezepte, die man eher als »healthy« betiteln würde! Einerseits sind diese Rezepte unbeschwert, da sie easy nachzumachen sind, und andererseits, weil sie dir sicher nicht schwer im Magen liegen. Wenn es also mal etwas Leichtes sein soll – zum Beispiel an warmen Sommertagen – dann halte Ausschau nach Rezepten mit dem Blatt-Icon!

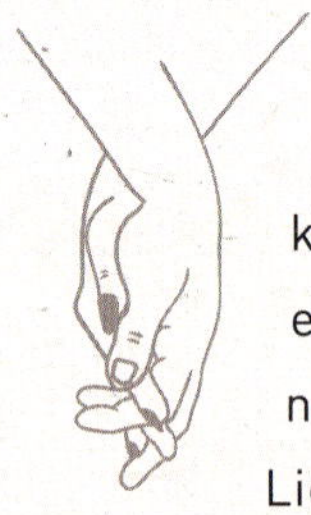

MIT DEN LIEBSTEN

Ob das wohl die coolste Rezeptkategorie ist? Ich kann mich nicht entscheiden! Aber wem macht es nicht besonders viel Spaß, für die Liebsten zu kochen oder sogar gemeinsam mit Family und Friends den Kochlöffel zu schwingen? Die Rezepte dieser Kategorie eignen sich perfekt für gemeinsame Kochabende zu zweit, zu dritt oder mehr – oder vielleicht sogar für ein fancy Dinner für dich ganz allein?

Achtung: Denk an das Umrechnen der Mengenangaben, je nachdem, mit wie vielen tollen Menschen du essen möchtest!

SCHNELL UND EINFACH

Diese Kategorie ist selbsterklärend, oder? Mit dem kleinen Blitz-Icon sind all die Rezepte versehen, die wenig Vorbereitungszeit benötigen und die du im Handumdrehen zaubern kannst – absolute Alltagsgerichte eben. Manchmal überkommt einen die Lust auf etwas Leckeres, ohne lange in der Küche stehen zu müssen. Schnell und einfach soll es sein? Das bekommst du hier!

KÜCHENEXPERIMENTE

Die Rezepte in dieser Kategorie sind für dich vielleicht neu oder sie bedürfen etwas mehr Kreativität und Mut oder Probierfreude! Hier findest du Außergewöhnliches, »tricky« Rezepte und kannst dich auf eine kulinarische Reise begeben. Aber du findest bei dem Kochlöffel-Icon auch flexible Rezepte, die gar nicht so kompliziert sind, bei denen du dich aber komplett austoben und eigene Variationen schaffen kannst.

Jetzt weißt du alles, was du für die Benutzung dieses Buches wissen muss – und noch mehr. Los geht's!

Frühstück & Drinks

Was gibt es Schöneres, als mit einer Tasse heißem Tee oder einem duftenden Kaffee in den Morgen zu starten? Richtig: Dazu das passende Frühstück zu genießen! Wenn der Morgen schon so richtig gut anfängt und du dir die Zeit für ein ordentliches Frühstück nimmst, startest du gleich mit viel mehr positiver Energie in den Tag. Ganz egal, ob es ein kleines, lazy Breakfast oder doch ein ausgiebiges Wohlfühlfrühstück ist, nimm dir die Zeit und feiere die erste Mahlzeit des Tages!

S

Die erste Mahlzeit am Tag hat etwas ganz Besonderes für mich! Daher mag ich es auch besonders, dafür neue Rezepte auszuprobieren. Ich habe bestimmt schon hundert verschiedene Porridge-Variationen entwickelt. Gekocht, overnight, gebacken, aus der Mikrowelle oder gebraten. Neben Haferflocken gibt es aber natürlich noch vieles mehr, das du in diesem Kapitel entdecken kannst!

Reflexion: Frühstück und ich

1 Früher Vogel oder Nachteule?

2 Welcher Frühstücks-Typ bin ich? Nehme ich mir Zeit für ein ausgiebiges Frühstück oder gehe ich mit leerem Magen aus dem Haus? Möchte ich daran etwas ändern und wenn ja, was und warum?

3 Wie sieht meine perfekte Morgenroutine aus? Was kann ich tun, um die Routine zu finden, die sich für mich richtig anfühlt?

4 Herzhaft oder süß – Was frühstücke ich am liebsten?

5 Was ist mein Go-to-Frühstücksgericht, das ich jeden Tag essen könnte?

6 Das darf bei einem großen Frühstück/Brunch mit meinen Liebsten auf keinen Fall fehlen:

7 Mein Lieblingscafé für ein leckeres Frühstück auswärts:

Creamy Overnight Oats

MIT VANILLE UND ERDBEEREN

ZUTATEN

Für 1 Portion

ca. 10 Minuten

Kühlen: ca. 8 Stunden

- 60 g Haferflocken
- 120 ml Pflanzendrink (deine Lieblingssorte)
- 2 EL Joghurt
- 1 TL Agavendicksaft (oder Ahornsirup)
- 1 TL Chiasamen
- ½ TL Vanilleextrakt (oder Vanillezucker, wer mag)
- 2 TL Nussmus
- 3–4 Erdbeeren

AUSSERDEM:

- weitere klein geschnittene Früchte zum Servieren (wer mag)

Overnight Oats gehört zu meinen Lieblingsrezepten für das Frühstück. Gleichzeitig ist es auch etwas, das ich zwischendurch immer wieder mal vergesse – und mich dann freue, wenn mir wieder einfällt, dass es da doch dieses leckere Frühstück gab ... Es ist so easy zu machen, perfekt zum Vorbereiten, man hat unzählige Möglichkeiten, immer etwas Neues auszuprobieren, dazu macht es auch noch richtig satt – und man kann es auch perfekt mit zur Schule oder in die Arbeit nehmen! Love it!

1 Vermenge alle Zutaten bis auf die Erdbeeren und das Nussmus in einer Schüssel.

2 Die Erdbeeren waschen, putzen und in kleine Stücke oder Scheiben schneiden.

3 Fülle nun den Haferflockenmix abwechselnd mit den Erdbeeren und dem Nussmus in ein Glas oder einen Behälter. Ich gebe das Nussmus auch gerne komplett oben drauf, dann hebt sich der Geschmack beim Essen etwas mehr ab.

4 Stelle dein Glas oder deinen Behälter über Nacht verschlossen in den Kühlschrank und lasse die Mischung quellen. Morgens mit mehr Früchten anrichten und genießen!

REFLEXION

Diese fünf Songs gehören auf die Playlist für einen entspannten Morgen:

Baked Oats

MIT SCHOKOKERN

ZUTATEN
Für 4 Portionen
ca. 20 Minuten
Backen: ca. 25 Minuten

FÜR DEN TEIG:
- 300 Gramm zarte Haferflocken
- 2 Bananen
- 300 ml Pflanzendrink (deine Lieblingssorte)
- 4 EL veganer Joghurt (z. B. mit Vanillegeschmack)
- 1 EL Backpulver
- 2 EL dunkles, ungesüßtes Kakaopulver
- 2 EL Agavendicksaft (oder Reissirup)
- ½ TL Vanilleextrakt

FÜR DEN SCHOKOKERN:
- 4 EL Nussmus (deine Lieblingssorte)
- 1 EL Agavendicksaft (oder Reissirup)
- 1 EL dunkles, ungesüßtes Kakaopulver

Dieses Frühstück ist perfekt für alle, die Lust auf Dessert am Morgen haben! Wenn du jetzt denkst: »Hm, wie soll das gehen?!«, wirst du es hier erfahren. In diesen leckeren Baked Oats sind nämlich nur Zutaten drin, die man sonst auch fürs Frühstück nutzen würde. Einfach nur mal etwas anders zubereitet, schon hat man im Prinzip einen Kuchen, der morgens nicht erschlägt, sondern genug Energie für den Tag gibt! Viel Spaß beim Ausprobieren!

1 Den Backofen auf 180 °C Ober-/Unterhitze vorheizen und vier kleine, backofenfeste Förmchen bereitstellen.

2 Für dieses Dessert ... äh Frühstück ... einfach alle Zutaten für den Teig in einem Mixer zu einer Masse mixen und die vorbereiteten Förmchen bis zu Hälfte auffüllen. Wenn die Bananen nicht weich genug sind, zerdrücke sie vorher mit einer Gabel.

3 Verrühre dann alle Zutaten für den Schokokern und gib jeweils einen Esslöffel in die Mitte des Teigs. Fülle alles mit dem restlichen Teig auf und toppe zum Schluss mit einigen Himbeeren. Wer mag, gibt noch ein paar Schokodrops dazu. Drücke alles ein wenig in den Teig und schiebe deine Baked Oats für 20–25 Minuten in den heißen Ofen. Fertig!

AUSSERDEM:
- 1 Handvoll Himbeeren (gefroren oder frisch)
- Schokodrops zum Toppen (wer mag)

TIPP:
Meine Baked Oats mag ich am liebsten mit Haselnussmus im Kern, aber es gehen natürlich auch andere Nussmuse. Probier mal, einen Schuss Pflanzendrink über das gebackene Ergebnis drüberzugeben, das macht alles total saftig!

Ingwershots

OHNE ENTSAFTER

ZUTATEN

Für 100–400 ml (je nach Obst oder Gemüse, das noch dazukommt)

ca. 15 Minuten

- 2 fingerlange und daumendicke Stücke Ingwer (etwa 70 g)
- 3 unbehandelte Zitronen
- 1 TL Kurkuma
- 1 Prise Cayennepfeffer
- 1 EL Agavendicksaft (wer mag)

AUSSERDEM:

- Nussmilchbeutel
- weiteres Obst oder Gemüse (z.B. Orangen, Äpfel oder Sellerie)

Wir kennen sie mittlerweile alle: Ingwershots. Man bekommt sie heutzutage überall, aber ich finde sie, ehrlich gesagt, oft sehr teuer. Deswegen habe ich angefangen, sie selbst zu machen. Man kann mit diesem Rezept wirklich große Mengen für wenig Geld zubereiten und zusätzlich seine Obst- und Gemüsereste wiederverwerten. Wie die meisten bestimmt wissen, ist Ingwer als Wunderknolle bekannt. Er fördert die Verdauung, wirkt entzündungshemmend und soll auch noch unser Immunsystem stärken, bei Übelkeit helfen und den Kreislauf sowie die Durchblutung anregen. Es gibt also genug Gründe, diesem einfachen Rezept mal eine Chance zu geben!

1 Wasche den Ingwer und alle anderen Obst- und Gemüsesorten, die du verwenden willst, gründlich ab. Presse die Zitronen aus und schneide alle anderen Obst- oder Gemüsestücke klein. (Ich lasse meistens die Schalen einfach dran, denn da verstecken sich einige Vitamine, nur bei den Zitrusfrüchten schneide ich sie weg, da es sonst zu bitter wird.)

2 Dann Ingwer, Zitronensaft und 100 ml Wasser in einen Mixer geben und für ca. 2 Minuten sehr gut mixen, bis alles trüb aussieht und gut püriert ist. Je feiner, desto besser! Falls noch Stückchen dabei sind, mixe einfach noch ein bisschen weiter.

3 Gieße das Süppchen dann durch den Nussmilchbeutel in einen Messbecher und drücke den Beutel gut aus, bis die ganze Flüssigkeit herausgepresst ist. Dann Gewürze und Agavendicksaft nach Belieben hinzufügen. Fülle deinen Ingwershot in eine saubere Flasche und stelle ihn gut verschlossen in den Kühlschrank. Innerhalb von 3 Tagen aufbrauchen.

TIPP:
Das übrig gebliebene Fruchtfleisch kannst du z. B. für Gebäck, Porridge oder Smoothies verwenden. Wenn du einen Entsafter hast, dann kannst du diesen natürlich verwenden. Es klappt aber auch so!

REFLEXION

Was brauche ich, um morgens direkt wach zu sein und mit guter Laune in den Tag zu starten?

....

....

Espresso-Nougat-Shake

MIT DATTELN

ZUTATEN

Für 2 Gläser à ca. 220 ml

ca. 5 Minuten

- 1 reife Banane
- 100 ml abgekühlter Espresso (oder starker Kaffee)
- 200 ml Pflanzendrink (deine Lieblingssorte)
- 2 entsteinte Datteln
- 1 Prise Salz
- 1 EL Kakaopulver
- 2 EL Haselnussmus
- 1 Msp. Vanillepaste (alternativ 1 Schuss Vanillesirup)
- 1 TL Kakaonibs (wer mag)

Wer einen Wachmacher für den Tag braucht und sich gleichzeitig selbst den Morgen etwas versüßen möchte, der kann mit diesem leckeren und cremigen Espresso-Nougat-Shake nichts falsch machen! Ich bin mir sicher, dass nicht nur du begeistert sein wirst, sondern auch deine Family oder deine Liebsten!

1 Die Banane schälen und in Stücke teilen. Dann mit dem Espresso, dem Pflanzendrink, den Datteln, Salz, Kakaopulver, Haselnussmus und der Vanillepaste in einen hohen Mixbecher geben und mit dem Stabmixer cremig mixen.

2 Verteile den Shake auf zwei Gläser und bestreue ihn, wenn du magst, mit Kakaonibs.

TIPP:

Für einen geeisten Shake kannst du den Espresso auch in Eiswürfelbehälter gießen und einfrieren. Mixe dann die Würfel mit den übrigen Zutaten im Hochleistungsmixer, der auch Eiswürfel crushen kann.

REFLEXION

Verbinde ich bestimmte Lebensmittel mit bestimmten Bedeutungen oder Erinnerungen? Gibt es Lebensmittel, die eine besondere emotionale Befriedigung für mich darstellen?

....

....

Himmlischer Frühstücksreis

MIT KOKOS UND MANDELN

ZUTATEN

Für 1 Portion

ca. 30 Minuten

- 75 g Jasminreis (oder Basmatireis)
- 100 g cremige Kokosmilch (nicht lowfat, die ist einfach nur mit mehr Wasser verdünnt)
- 100 ml Pflanzendrink (deine Lieblingssorte)
- 1 Prise Salz
- 1 Banane
- ½ Apfel
- 30 g Rosinen
- 20 g ganze Mandeln
- 1 EL Ahornsirup
- 1 Prise Zimt

Wenn der Duft dieses Gerichts in der Luft liegt, bin ich direkt 15 Jahre in meine Kindheit zurückversetzt. Meine Mama hat den Reis mindestens einmal in der Woche zubereitet und wenn ich morgens aufgewacht bin und den Duft wahrgenommen habe, bin ich sofort in die Küche getapst, weil ich mich jedes Mal darüber gefreut habe. Ich freue mich sehr, das Rezept mit dir teilen zu können, und hoffe, dass dir der Reis genauso gut schmeckt wie mir! Besonders lecker wird er meiner Meinung nach durch die Banane, etwas Zimt und den Ahornsirup! Aus meiner Kindheit kenne ich ihn mit ganzen Mandeln, aber du kannst auch Mandelsplitter oder andere Nüsse nehmen.

1 Schütte den Reis in ein Sieb und wasche ihn so lange mit Wasser, bis es klar bleibt. Dann den Reis, die Kokosmilch, den Pflanzendrink und das Salz in einen Topf geben, umrühren und auf mittlerer Stufe erhitzen.

2 Während der Reis langsam zu köcheln beginnt, kannst du schon mal dein Obst klein schneiden.

3 Die Rosinen in ein Sieb geben, abspülen und zusammen mit den Mandeln nach ca. 10 Minuten zum Reis geben und darunterrühren. Der Reis sollte dabei leicht köcheln und schon einen Teil der Flüssigkeit aufgenommen haben.

4 Kurz bevor der Reis fertig ist, die Bananen- und Apfelstücke unterrühren, und sobald der Reis fertig ist, alles in einer Schale anrichten. Den Ahornsirup darüberträufeln und den Zimt darüberstäuben. Fertig!

TIPP:
Je früher du die Mandeln und Rosinen zum Reis gibst, desto weicher sind sie zum Schluss. Je früher du die Banane dazugibst, desto intensiver wird ihre Süße. Entscheide du, wie du es am liebsten magst.

Veganes Gemüse-Omelett

MIT KURKUMA

ZUTATEN

Für 2 Portionen

ca. 30 Minuten

FÜR DEN OMELETT-TEIG:

- 150 g fester Tofu
- 150 ml Pflanzendrink (deine Lieblingssorte)
- 50 g Mehl (deine Lieblingssorte)
- 3 EL Hefeflocken
- 1 TL Kala Namak
- 2 Prisen frisch gemahlener schwarzer Pfeffer
- ½ TL edelsüßes Paprikapulver
- ½ TL Kurkuma
- ½ TL Backpulver

FÜR DIE GEMÜSEMISCHUNG:

- 3 Frühlingszwiebeln
- 6 Champignons
- 1 rote Paprikaschote
- 1 Prise Salz
- 1 Prise frisch gemahlener schwarzer Pfeffer

AUSSERDEM:

- 4 TL Olivenöl
- ½ Bund Schnittlauch

Dieses vegane »Omelett« schmeckt natürlich nicht wie eines aus Eiern, ist aber eine tolle Alternative. Gefüllt mit einer Gemüsemischung schmeckt es einfach superlecker und sorgt für Abwechslung! Durch Kala Namak (ein Gewürz-Salz, das aus der indischen Küche kommt) bekommt es einen Ei-Geschmack.

1 Für den Teig den Tofu mit Pflanzendrink, Mehl, Hefeflocken, Kala Namak, Pfeffer, Paprikapulver, Kurkuma und dem Backpulver in einen Mixer geben und so lange pürieren, bis keine Stückchen mehr vorhanden sind.

2 Dann die Frühlingszwiebeln waschen, putzen und in Ringe schneiden. Die Champignons trocken abreiben und in Scheiben schneiden. Die Paprika halbieren, entkernen, waschen und in kleine Würfel schneiden.

3 Den Backofen auf 65 °C Ober-/Unterhitze vorheizen. 2 Teelöffel Olivenöl in einer Pfanne erhitzen und das Gemüse darin 5 Minuten anbraten. Mit Salz und Pfeffer würzen und aus der Pfanne in eine Schale geben.

4 1 Teelöffel Olivenöl in der Pfanne verteilen. Die Hälfte der Omelettmasse hineingießen und glatt streichen. Sobald die Unterseite goldbraun und knusprig ist, wenden und auf der anderen Seite ebenso goldbraun braten. Nun die Hälfte des Gemüses darauf verteilen und das Omelett in der Mitte zusammenklappen. Auf einen Teller geben und im Backofen warm halten.

5 Backe aus dem übrigen Teig ein zweites Omelett und verteile darauf das restliche Gemüse. Vor dem Servieren schneidest du noch den Schnittlauch klein und streust ihn über die Omeletts.

Iced Matcha Latte

MIT HAFERDRINK

ZUTATEN

Für 1 Glas (ca. 350 ml)

ca. 5 Minuten

- 3 Bambuslöffelspitzen Matchapulver (ca. 2 g)
- 1 TL Agavendicksaft (ich nehme immer einen mit Vanillegeschmack)
- 3–4 Eiswürfel
- 250 ml Haferdrink

Neben Tee und Bubble Tea ist das vermutlich mein liebstes Getränk! Ich mag es gerne kalt, aber man kann es natürlich auch heiß genießen. Manchmal gebe ich übrigens gerne noch etwas weiße Schokolade in die heiße Milch!
Matcha gibt nicht nur Energie, er ist auch vollgepackt mit Antioxidantien und deshalb so gesund. Achte aber auf die Qualität und informiere dich da auf jeden Fall. Leider gilt hier meist: Je teurer, desto hochwertiger.
Man kann Matcha Latte auf viele Weisen noch »fancyer« zubereiten, ich bevorzuge allerdings diese »klassische« und simple Variante. Less is more!

1 Siebe dein Matchapulver durch ein feines Sieb in eine Schüssel, um Klümpchen zu vermeiden. Gieße nun 50 ml heißes, aber nicht mehr kochendes Wasser (nicht heißer als 60 Grad) dazu und verrühre alles in Zickzack-Bewegungen mit einem Bambusbesen. (Wenn du keinen klassischen Bambusbesen hast, verwende einen Schneebesen oder notfalls eine Gabel.)

2 Dann kannst du den Agavendicksaft dazugeben und nochmal alles gut verrühren.

3 Gib die Eiswürfel in ein Glas, gieße den Haferdrink dazu und zu guter Letzt das angerührte Matcha. Alles verrühren und genießen!

TIPP:
Für einen Frappé kannst du auch 1 Kugel Vanilleeis ins Glas geben!

REFLEXION

Mein Forever-go-to-Lieblingsgetränk:

....

Knuspermüsli

MIT VIELEN NÜSSEN

ZUTATEN

Für ca. 10 Portionen
ca. 10 Minuten
Backen: ca. 20 Minuten

- 200 g Nüsse (z.B. Walnüsse, Haselnüsse, Pekannüsse)
- 100 ml Pflanzenöl (z.B. geschmolzenes Kokosöl oder mildes Olivenöl)
- 100 ml Ahornsirup
- 2 Prisen Salz
- 1 TL Zimt
- ½ TL Vanilleextrakt (wer mag)
- 300 g Haferflocken
- 50 g gehobelte Mandeln oder Mandelsplitter
- 80 g Rosinen (oder 20 g gefriergetrocknete Beeren)

Ich wage einfach mal zu behaupten, dass es keinen Menschen gibt, der knuspriges Müsli mit frischen Früchten und Milch oder Joghurt nicht mag! Müsli aus dem Supermarkt schmeckt oft ganz gut. Häufig liegt das aber an den Unmengen an Zucker, die darin enthalten sind. Ich zeige dir hier eine Version, die du schnell nachmachen kannst und bei der du ganz genau weißt, was drin ist. Du kannst selbst bestimmen, wie viel du von diesem oder jenem hinzugeben magst. Du entscheidest – und so kannst du zum Beispiel etwas weniger Ahornsirup und dafür noch eine zerdrückte Banane dazugeben. So oder so ist es superlecker und macht sich in einem hübschen Glas auch toll als Geschenk!

1 Heize den Backofen auf 180 °C Ober-/Unterhitze vor. Wenn du magst, hacke die Nüsse etwas kleiner.

2 Verrühre das Öl mit dem Ahornsirup, Salz, Zimt und Vanille in einer Schüssel und gib dann alle anderen Zutaten bis auf die Früchte dazu. Vermische alles gründlich. Verteile die Mischung auf dem Backblech und drücke sie zu einer gleichmäßig dicken Schicht etwas flacher.

3 Backe deine Mischung im heißen Ofen ca. 20 Minuten. Nach 10 Minuten holst du das Blech kurz heraus, wendest die Mischung ein wenig und streust dann, wenn du magst, deine Früchte darauf. Die Rosinen oder deine Beeren können aber auch erst ganz zum Schluss dazugegeben werden.

4 Hole das Blech aus dem Ofen, lasse alles abkühlen und breche dein Müsli, wenn nötig, in kleinere Stücke. Fertig!

TIPP:

Für die weihnachtliche Stimmung kannst du auch etwas Zimt unterrühren. Etwa 50 g getrocknete Apfelchips machen sich darin dann besonders gut! Im Sommer einfach den Zimt weglassen und eher mit Bananenchips und/oder gefriergetrockneten Beeren arbeiten. Hier kannst du dich ausprobieren!

TIPP:

Luftdicht verschlossen in einem großen Glas hält dein Müsli theoretisch mehrere Wochen. Rein praktisch hat mein Müsli noch nie so lange gehalten ... du weißt, was ich meine?

Porridge

HOT AND COLD

ZUTATEN

Für 1 Portion

ca. 15 Minuten

FÜR DAS PORRIDGE:

- 50 g blütenzarte Haferflocken
- 200 ml Pflanzendrink (deine Lieblingssorte), je nach gewünschter Konsistenz auch mehr Drink

WER MAG:

- 1 TL Agavendicksaft
- ½ TL Vanilleextrakt
- 1 Portion Lieblingsobst (Banane, Apfel oder was gerade Saison hat)

FÜR DAS TOPPING:

- 50 g gefrorene Himbeeren (oder andere Beeren)
- 70 g veganer Joghurt natur
- 1–2 EL Schokoladenstücke
- 1 EL Nussmus (ich nehme gerne Cashew- oder weißes Mandelmus)

Es gab eine Zeit, da habe ich jeden. Tag. der. Woche. Porridge. gegessen. Dass ich dann irgendwann keine Lust mehr drauf hatte, ist verständlich. Bis mein bester Freund Orlando mir 2019 gezeigt hat, wie er seinen Porridge isst. Ganz simpel mit Apfelmus und Joghurt. Und das war »life changing« für mich! Ich finde es seitdem überhaupt nicht mehr langweilig, Porridge zu essen. Was ich daran so liebe: Man kann jeden Tag etwas verändern und etwas Neues ausprobieren.

1 Gib die Haferflocken mit dem Pflanzendrink in einen Topf und erhitze die Mischung auf mittlerer Stufe. Sobald es köchelt, stelle die Temperatur etwas herunter und lasse alles ca. 5 Minuten weiterköcheln, bis die gewünschte Konsistenz erreicht ist. Wenn du magst, rühre nun den Agavendicksaft darunter, das Vanilleextrakt und dein klein geschnittenes Obst.

2 Die gefrorenen Beeren in einer kleinen Schüssel in der Mikrowelle erhitzen, bis sie schön dampfen, dann schmilzt die Schokolade am Ende besser.

3 Den Porridge in eine Schüssel füllen und mit dem kalten Joghurt toppen. Direkt danach die heißen Beeren daraufgeben, als nächstes die Schokoladenstückchen und zum Schluss das Nussmus.

WEITERE IDEEN FÜR PORRIDGE-VARIATIONEN:

Eines der leckersten Toppings: Bananenscheiben in etwas Kokosöl anbraten, bis sie goldbraun sind.

Für eine weihnachtliche Stimmung: Apfelstückchen mit Zimt und Kokosöl kurz anbraten.

Für süßen Crunch: Lieblingsnüsse hacken, in einer Pfanne mit Kokosblütenzucker karamellisieren und als Topping darüberstreuen.

Hirsetaler

MIT ROSINEN UND NÜSSEN

ZUTATEN
Für 2 Portionen
ca. 45 Minuten

· 1 kleine Tasse Hirse (etwa 150 g)
· 1 Apfel
· 1 Banane
· 2 TL Chiasamen
· 1 TL Zimt
· 30 g Rosinen

BEI BEDARF:
· 1 Schuss Pflanzendrink (deine Lieblingssorte) oder 1–2 EL blütenzarte Haferflocken

AUSSERDEM:
· 2 EL Kokosöl zum Braten
· 1–2 EL Ahornsirup zum Beträufeln (oder Nussmus zum Toppen)
· 30 g Nüsse zum Bestreuen (z.B. Walnüsse)

Diese Hirsetaler sind perfekt, wenn man Lust auf etwas Abwechslung hat und mit viel Energie in den Tag starten will! Das Grundrezept bleibt immer gleich, und du kannst die Taler ganz nach deinem Geschmack mit verschiedenem Obst, Nüssen oder auch Nussmus pimpen.

1 Für die Hirsetaler die Hirse gründlich waschen, damit sie später nicht bitter schmeckt. Dann mit 3 kleinen Tassen Wasser in einem Topf zugedeckt zum Kochen bringen. 5–10 Minuten köcheln lassen, bis das meiste Wasser von der Hirse aufgenommen wurde und sie weich ist. Stelle die Herdplatte aus und lasse den Topf auf der Restwärme stehen (etwa 10 Minuten).

2 Wasche den Apfel, schneide das Kerngehäuse heraus und rasple das Fruchtfleisch einer Hälfte. Du kannst den Apfel auch in kleine Stücke schneiden, wenn du es »crunchier« haben willst. Die Banane schälen und mit der Gabel zerdrücken. Erst die Banane zur Hirse geben und verrühren, dann die Chiasamen mit Zimt, Rosinen und die Apfelraspel hinzugeben.

3 Die Mischung sollte nicht zu matschig oder flüssig sein, aber viel wichtiger ist, dass sie nicht zu trocken ist. Gib bei Bedarf also etwas Pflanzendrink dazu, falls die Mischung zu trocken ist, rühre einige Haferflocken hinein, falls die Mischung zu feucht ist.

4 In einer beschichteten Pfanne etwas Kokosöl erhitzen und jeweils 1 Esslöffel der Hirsemasse hineingeben, flach drücken und anbraten. Nach ca. 3 Minuten vorsichtig wenden, die Unterseite sollte dann goldbraun sein. Falls dir die Taler auseinanderbrechen, ist das nicht schlimm. Sie schmecken dennoch wunderbar. Ich mag sie besonders knusprig gebraten. Auf einem Teller servieren, mit Ahornsirup, der zweiten Apfelhälfte in Stücken und Nüssen garnieren oder mit etwas Nussmus toppen.

Bubble Tea

BROWN SUGAR MILK

ZUTATEN
Für 3–4 Portionen
ca. 45 Minuten

FÜR DIE BUBBLES:
- 30 g brauner Zucker
- 50–60 g Tapiokastärke
- etwas schwarze Lebensmittelfarbe (wer mag)

FÜR DEN TEE:
- 2 Teebeutel Schwarztee
- 150 ml Pflanzendrink (deine Lieblingssorte, z.B. Vanille-Soja, Hafer oder Mandel)

FÜR DEN SIRUP:
- 2–3 EL brauner Zucker (oder Vollrohrzucker)

TIPP:
Du kannst natürlich auch fertige Tapiokaperlen nehmen und diese nach Packungsanleitung zubereiten. Für zwei Portionen brauchst du dann etwa 80 g. Für den Bubble Tea eignen sich Bubble Tea-Trinkhalme oder sehr breite Strohhalme am besten.

Ich war vier oder noch jünger und bin mit meiner Familie durch Toa Payoh in Singapur gelaufen, wo ein Teil meiner Familie herkommt. Plötzlich habe ich dieses riesige Schild mit den verschiedensten Variationen von Bubble Tea gesehen und wollte natürlich selbst sofort einen haben. Gesagt, getan. Seitdem habe ich regelmäßig welchen getrunken, wenn ich in Singapur war. Meistens »Black Milk Tea«, eine klassische Sorte. Irgendwann kam der Tag, an dem plötzlich unzählig viele Bubble-Tea-Läden in Deutschland eröffneten und ich habe ganz aufgeregt alle meine Freunde dorthin mitgenommen. Leider waren die meisten Bubble Teas, die ich probiert habe, übertrieben süß und künstlich. Für guten Bubble Tea müssten wir also alle mal nach Singapur! Mittlerweile gibt es viele tolle Läden mit leckerem Bubble Tea. Für alle, die es jedoch günstiger und ohne das zusätzliche Plastik haben möchten, erkläre ich, wie man ihn relativ einfach zu Hause selbst machen kann.

1 Für die Bubbles 40 ml Wasser mit dem Zucker, 1 Esslöffel der Tapiokastärke und etwas schwarzer Lebensmittelfarbe in einen kleinen Topf geben. Auf niedriger bis mittlerer Stufe langsam unter Rühren erhitzen, bis die Masse köchelt. Unter Rühren 1 Minute weiterköcheln lassen, bis die Konsistenz klebrig ist. Die Herdplatte ausschalten und die restliche Tapiokastärke dazugeben, wenn die Masse nicht mehr allzu heiß ist. Gut unterrühren, bis sich die Stärke größtenteils mit der Masse verbunden hat.

2 Gib den Teig und die eventuell restliche, lose Tapiokastärke auf eine saubere Arbeitsfläche, lasse alles etwas abkühlen und knete anschließend die Mischung mit den Händen zu einem gleichmäßigen, festen Teig. Der Teig sollte jetzt nicht mehr klebrig sein. Falls doch, gib noch etwas Stärke dazu.

3 Forme den Teig mit den Händen zu einer ca. 3 mm dicken Rolle und schneide davon mit dem Messer etwa 1 cm x 1 cm große Stücke ab. Forme die Stücke mit den Handinnenflächen zu kleinen Kügelchen. Wenn der ganze Teig zu Kügelchen verarbeitet wurde, ein wenig Tapiokastärke darübersieben, damit die Kügelchen nicht aneinanderkleben.

4 In einem mittelgroßen Topf Wasser zum Kochen bringen, die Kugeln hinzugeben und für ca. 15 Minuten auf mittlerer Stufe köcheln lassen. Nach 15 Minuten abschöpfen oder abgießen und die Bubbles in eine Schale mit eiskaltem Wasser geben. So bleibt die chewy Konsistenz erhalten. Lasse die Bubbles bis zur weiteren Verwendung einfach im Wasser.

5 Koche 250 ml Teewasser auf und hänge die Schwarzteebeutel hinein. Lasse alles 5 Minuten auf niedriger Stufe köcheln, entferne dann die Teebeutel und rühre den Pflanzendrink hinein.

6 Gib nun die Bubbles in einen Topf und erhitze sie zusammen mit 40 ml Wasser und dem braunen Zucker. Alles miteinander verrühren, bis sich der Zucker komplett aufgelöst hat und eine klebrige Konsistenz entstanden ist. Lass die Mischung aber nicht zu lange köcheln, sonst wird der Sirup zu fest.

7 Gib in jedes Glas deine gewünschte Bubble-Menge und verstreiche etwas Sirup an der Glasinnenseite. Dann die Mischung aus Tee und Pflanzendrink hineingießen und genießen!

Pancakes

MIT KARAMELLISIERTEN WALNÜSSEN UND BANANENCREME

ZUTATEN

Für 2 Portionen

ca. 30 Minuten

Festwerden des Karamells: ca. 15 Minuten

FÜR DIE KARAMELLISIERTEN WALNÜSSE:

- 2 EL brauner Zucker
- 75 g Walnusskerne

FÜR DEN PANCAKE-TEIG:

- 150 g Weizenmehl Type 550 (oder Dinkelmehl Type 630)
- 8 g Weinstein-Backpulver
- 1 Prise Salz
- ½ TL Zimtpulver
- 100 g Sojaquark
- 200 ml Pflanzendrink

FÜR DIE BANANENCREME:

- 2 reife Bananen
- 80 g Sojaquark
- 1 TL Ahornsirup
- 1 EL Zitronensaft

ZUM BACKEN:

- 2 EL Kokosöl (oder Rapsöl)

Wer liebt Pancakes nicht? Warm, luftig, weich ... ob mit heißen Himbeeren, Schokostückchen im Teig oder klassisch mit Ahornsirup. Man kann sich unzählig viele, leckere Varianten ausdenken. Als Kind war ich persönlich schon immer ganz verrückt nach karamellisierten Nüssen in Kuchen, Eis oder als Topping. Daher habe ich diese Kindheitsliebe wieder aufleben lassen und teile mit dir dieses sündhaft leckere Pancake-Rezept!

1 Für die karamellisierten Walnüsse den Zucker in einer Pfanne auf mittlerer Hitze schmelzen lassen, die Walnüsse mit den Fingern in Stücke brechen und hineinstreuen. Kurz mischen und zum Abkühlen auf einem Bogen Backpapier oder einer Backmatte verteilen.

2 Für den Teig verrührst du das Mehl mit Backpulver, Salz, Zimt, Sojaquark und Pflanzendrink und lässt die Mischung 10 Minuten quellen. Inzwischen die Bananen schälen und mit dem Quark, dem Ahornsirup und dem Zitronensaft pürieren. Stelle die Bananencreme in den Kühlschrank, bis alles fertig ist.

3 Sind die Walnüsse abgekühlt und ist das Karamell fest, hacke die karamellisierten Nüsse in kleine Stücke.

4 In einer Pfanne 1 Esslöffel Öl erhitzen, 2 Esslöffel Teig pro Pancake hineingeben und mit einigen Karamellbröseln bestreuen. Backe jeden Pancake auf jeder Seite etwa 2 Minuten goldbraun. Staple die Pancakes auf einem Teller, so bleiben sie warm, und genieße sie mit der Bananencreme. Wenn du noch Walnusskaramell übrig hast, kannst du es zum Schluss noch darüberstreuen.

Apfel-Tassenkuchen

MIT ZIMT

ZUTATEN

Für 1 Portion

ca. 10 Minuten

- 1 halber Apfel
- 50 g Hafermehl (oder ein anderes Mehl)
- 1 TL Backpulver
- 1 Prise Salz
- ½ TL Zimt
- 1 EL brauner Zucker
- 60 ml Pflanzendrink (deine Lieblingssorte)
- 2 EL veganer Joghurt
- 3 Pekannüsse

AUSSERDEM:

- 1–2 TL Nussmus (deine Lieblingssorte, wer mag)

Immer, wenn ich Lust auf was Schnelles zum Frühstücken habe und gleichzeitig etwas experimentierfreudig drauf bin, mache ich Tassenkuchen. Du willst gar nicht wissen, wie viele verschiedene Rezepte ich schon ausprobiert habe! Es macht megaviel Spaß, seiner Kreativität freien Lauf zu lassen und gespannt darauf zu warten, wie das Ergebnis am Ende ist. Hier hast du ein Rezept, das immer geht. Es erinnert ein wenig an Apfelkuchen, ist superschnell gemacht und besonders in der kalten Jahreszeit wärmstens zu empfehlen!

1 Schäle den Apfel, schneide 2–3 dünne Scheiben ab und hacke den Rest in kleine Stücke.

2 Verrühre in einer großen, mikrowellengeeigneten Tasse das Mehl mit dem Backpulver, Salz, Zimt und Zucker. Gib dann den Pflanzendrink mit dem Joghurt und den klein gehackten Apfelstückchen hinzu und verrühre alles gründlich. Achte darauf, die inneren Kanten der Tasse nicht zu vergessen. Da versteckt sich gerne mal etwas Mehl.

3 Toppe alles mit den Apfelscheiben und den Nüssen und stelle es bei 800 Watt für 3 Minuten in die Mikrowelle.

4 Herausnehmen und nach Belieben mit Nussmus toppen. Ich mag darauf besonders gerne braunes oder helles Mandelmus.

TIPP:

Du kannst deinen Tassenkuchen natürlich auch im Backofen zubereiten. Nimm dann eine eingefettete, ofenfeste Form und backe dein Küchlein bei 180 °C 15–20 Minuten.

REFLEXION

Was findet Platz in meinem Kühlschrank? Was gehört unbedingt in meinen Vorratsschrank bzw. was muss ich immer da haben?

....

....

Food Diary

Snacks & Fingerfood

Über keine Mahlzeit sind sich alle so einig wie über diese! Snacks sind jene kleinen Zwischenmahlzeiten, für die es immer noch Platz im Magen gibt, die einem den nötigen Energiekick am Tag geben, die einen von Stress ablenken und Momente im Leben retten können und die dabei immer den direkten Weg ins Herz finden! Sie machen Lust auf mehr oder sind die passende Ergänzung zur eigentlichen Hauptmahlzeit, wenn wie so oft der Bauch voll, aber die Seele noch hungrig ist!

S

Manchmal gibt es Tage, an denen ich Lust auf zehn verschiedene Dinge gleichzeitig habe. Und dafür sind Snacks und kleine Fingerfood-Rezepte natürlich perfekt. In wenigen Minuten zubereitet, immer lecker und nie langweilig.

Reflexion: Snacks und ich

1 Was ist mein absoluter Lieblingssnack, der immer geht?

2 Welcher Snack darf bei einem Filmabend nicht fehlen?

3 Meine Lieblingsvorspeisen:

4 Die besten Roadtrip-Snacks:

5 Wie oft am Tag snacke ich? In welchen Situationen snacke ich am liebsten/am meisten?

6 Schule, Uni oder Arbeit: Welche Snacks brauche ich für die perfekte Mittagspause?

7 Dieser Snack ist mein liebster nach dem Sport:

8 Süß, sauer, salzig ... Worauf habe ich wann Lust und was snacke ich davon am liebsten?

Hummus in 3 Varianten

KLASSISCH, TOMATE, ROTE BEETE

ZUTATEN

Für 2–3 Portionen

ca. 15 Minuten

FÜR DIE GRUNDMISCHUNG:

- 1 Dose Kichererbsen (Abtropfgewicht 265 g)
- 1–2 Knoblauchzehen
- ½ Zitrone
- 100–120 ml eiskaltes Wasser
- 100 g Tahini
- 1 TL Salz
- 2 Prisen frisch gemahlener schwarzer Pfeffer
- ½ TL gemahlener Kreuzkümmel (wer mag)

FÜR DIE VARIANTEN:

- 50 g vorgegarte Rote Beete
- 3–4 in Öl eingelegte getrocknete Tomatenfilets

ZUM ANRICHTEN:

- etwas Paprikapulver
- etwas Olivenöl
- einige Petersilienblätter (wer mag)
- einige Kichererbsen (wer mag)

Ich glaube, wir sind uns einig, dass guter Hummus eigentlich alles ist, was man zum Glücklichsein braucht, oder? Nein, okay. So extrem ist es vielleicht nicht. Aber ich hatte schon einige Male die Situation, dass die einzige vegane Option Hummus mit Brot war, und das hat mich keine Sekunde gestört. Im Gegenteil. Ich könnte mich sicher eine ganze Woche ausschließlich davon ernähren. Naja, das vielleicht auch nicht. Aber du weißt, was ich meine. Okay, ich beende jetzt meinen Monolog. Viel Spaß mit dem Rezept!

1 Für den Hummus ein Sieb in eine Schüssel hängen, die Kichererbsen hineingeben, abtropfen lassen und dabei das Kichererbsenwasser auffangen.

2 Wer es richtig cremig haben möchte, kann die Kichererbsen von ihrer Schale befreien. Ich sage mal so: Es lohnt sich, aber es dauert auch ein Weilchen. Mach es, wie du Lust hast.

3 Den Knoblauch schälen und klein schneiden oder pressen. Die halbe Zitrone auspressen.

4 Gib nun die Kichererbsen zusammen mit allen anderen Zutaten in einen Mixer und gieße auch ca. 50 ml des aufgefangenen Kichererbsenwassers hinzu. Das restliche Kichererbsenwasser könnt ihr übrigens hervorragend für Mousse au Chocolat verwenden (siehe Seite 180/181) – und ja, das meine ich ernst!

5 Mixe alles 2–3 Minuten cremig. Wenn nötig, gieße noch etwas mehr Kichererbsenwasser dazu, bis die gewünschte Konsistenz erreicht ist. Schmecke dein Hummus zum Schluss noch einmal mit Salz und Pfeffer ab.

6 Teile dein Hummus in drei Teile auf. Ein Drittel kannst du schon einmal in eine Schale füllen. Das andere Drittel mixt du mit der Roten Beete und das letzte Drittel mit den getrockneten Tomaten.

7 Richte dein Hummus in drei verschiedenen Schalen an, beträufle jede Hummus-Sorte mit etwas Olivenöl und streue etwas Paprikapulver darüber. Wenn du magst, kannst du auch einige Blätter Petersilie darauflegen.

TIPP:
Das Wichtigste für ein leckeres Hummus ist ein gutes Tahini. Je nachdem, wie stark der Sesam geröstet wird, schmeckt es nämlich sehr mild oder fast schon bitter. Letzteres mag ich persönlich nicht wirklich. Außerdem sollte es schön cremig sein. Um deine Lieblingssorte zu finden, musst du dich einfach mal durchprobieren. Geschmäcker sind ja nun einmal unterschiedlich. Ich hole meins immer im Asia-Markt oder in einem türkischen Supermarkt. Falls sich dein Tahini im Laufe der Zeit absetzt und fest wird, hier noch ein kleiner Tipp: Stelle es für ein paar Minuten in ein warmes Wasserbad. Dann wird es wieder schön cremig.

Gurkensushi

GEFÜLLTE GURKENSCHEIBEN

ZUTATEN

Für 1 Portion

ca. 10 Minuten

- ½ große, dicke Salatgurke
- 5 Cherrytomaten
- ½ Avocado
- 50 g gegarter Reis (übrig geblieben oder frisch gekocht)
- 2 EL veganer Frischkäse
- 1 Prise Knoblauchpulver
- ½ TL Salz
- 2 Prisen frisch gemahlener schwarzer Pfeffer

AUSSERDEM:

- Sriracha-Soße zum Toppen

Dieses Gurkensushi ist der perfekte Snack im Sommer, wenn man das Bedürfnis nach etwas Frischem und Knackigem hat. Ich selbst esse Gurken regelmäßig einfach so am Stück, ich liebe das. In einen Dip getunkt, reinbeißen, fertig. Aber diese Variante sieht nicht nur cool aus, sondern ist auch richtig lecker!

1 Die Gurke mit einem Messer in der Mitte teilen. Mit einem Teelöffel das wässrige Innere vorsichtig entfernen. (Es würde die Masse zu flüssig machen, daher kannst du es entweder für Smoothies oder andere Drinks, für Gesichtsmasken oder als Mini-Salat mit etwas Salz, Pfeffer und Sriracha verwenden.)

2 Die Tomaten waschen, trocken tupfen und klein schneiden. Das Avocado-Fruchtfleisch in eine Schale geben und mit der Gabel zerdrücken.

3 Gib anschließend Reis, Tomaten, Avocado, Frischkäse, Knoblauchpulver, Salz und Pfeffer zur Avocado und vermenge alles zu einer kompakten Masse.

4 Mit einem kleinen Löffel die Reismasse in die Gurkeninnenräume füllen und etwas festdrücken.

5 Zum Schluss einfach nur noch die Gurke in ca. 2 cm dicke Scheiben schneiden, auf einem Teller anrichten und mit Sriracha-Soße garnieren! Fertig!

TIPP:
Wenn du noch übrig gebliebenen Sushireis hast, ist das natürlich am besten. Ansonsten kannst du auch jeden anderen Reis verwenden oder du nimmst Hirse, Couscous, Bulgur oder zerstampfte Kichererbsen. Wichtig ist nur, dass die Masse relativ fest wird, damit man gut Scheiben schneiden kann. Falls die Masse nicht kompakt genug ist, nimm einfach etwas mehr Frischkäse.

REFLEXION

Welche Mythen und Annahmen über Ernährung glaube ich?
Was ist an ihnen dran?

....

....

Veganes Aioli

FAST WIE DAS ORIGINAL

ZUTATEN

Für 1 Glas à ca. 100 g

ca. 5 Minuten

- 1–2 Knoblauchzehen (je nach Geschmack)
- 1 TL Senf
- 2 TL Weißweinessig
- ½ TL Salz
- 60 ml zimmerwarmer Sojadrink
- 120 ml Sonnenblumenöl (oder Distelöl)
- 2 Prisen frisch gemahlener schwarzer Pfeffer

Aioli ist vermutlich mit Abstand einer meiner Lieblingsdips. Mit gutem, luftigem Brot und einer Schale Oliven gibt es doch nichts Besseres, oder? Ich wollte für zu Hause eine vegane Alternative kreieren und teile nun mit dir das Rezept. Natürlich wird das Original immer das Original bleiben, aber dieser vegane Dip kommt schon sehr nah ran. :)

1 Zuerst die Knoblauchzehen schälen und hacken. Dann mit Senf, Weißweinessig, Salz und dem Sojadrink in ein hohes, schmales Gefäß geben.

2 Mixe nun alles mit dem Pürierstab fein und schaumig und gieße dann ganz langsam das Öl hinzu. Lasse dabei den Pürierstab immer weiterlaufen. Wenn die Masse cremig geworden ist, rührst du noch den Pfeffer unter. Am besten schmeckt die Aioli, wenn sie eine Nacht im Kühlschrank durchziehen kann. Im Kühlschrank aufbewahren und innerhalb von 5 Tagen essen.

REFLEXION

Welche Lebensmittel oder Gerichte hab ich noch nie probiert?
Warum nicht?

Auberginen-Aufstrich

MIT KREUZKÜMMEL

ZUTATEN

Für 1 Glas à ca. 200 g
ca. 15 Minuten
Backen: ca. 30 Minuten
Abkühlen: ca. 15 Minuten

- 1 Aubergine
- ½ TL Salz
- 4 in Öl eingelegte getrocknete Tomatenfilets
- 1 kleines Bund glatte Petersilie
- 2 EL Zitronensaft
- ½ TL gemahlener Kreuzkümmel
- 1 Prise frisch gemahlener schwarzer Pfeffer
- 4 EL Olivenöl

Dieser leckere mediterrane Aufstrich ist mit frischem Brot ein Traum, aber auch als Dip bei Grillpartys oder als Verfeinerung für Soßen superlecker. Dieser Aufstrich ist ganz schnell gemacht und schmeckt besser als jeder gekaufte!

1 Heize den Backofen auf 200 °C Ober-/Unterhitze vor, halbiere die Aubergine und bestreue die Schnittflächen mit etwas Salz. Streiche eine Auflaufform mit 1 Esslöffel Olivenöl ein und lege dann die Auberginen mit den Schnittflächen nach unten in die Form. Steche die Auberginenhälften ein paarmal mit einer Gabel ein. Gare sie ca. 30 Minuten im Backofen, bis sie ganz weich sind.

2 In der Zwischenzeit die Tomatenfilets trocken tupfen und fein hacken. Die Petersilie waschen, trocken tupfen und die Blätter mitsamt den feineren Stielen klein hacken.

3 Die Aubergine etwas abkühlen lassen, damit du dir nicht die Finger verbrennst. Dann das Fruchtfleisch aus der Schale löffeln und ebenfalls klein hacken. Mit den Tomaten, der Petersilie, Zitronensaft und Kreuzkümmel mischen und mit etwas Salz und Pfeffer abschmecken.

4 Fülle die Mischung in ein Glas und bedecke sie mit dem Olivenöl. Der Aufstrich hält im Kühlschrank 3–4 Tage.

TIPP:
Wenn du lieber ganz cremige Aufstriche magst oder du keine Lust hast, alles klein zu hacken, kannst du die Zutaten auch einfach mit dem Pürierstab cremig mixen.

Linsen-Aufstrich

MIT KAROTTEN

ZUTATEN

Für 1 Glas à ca. 200 g

ca. 25 Minuten

Abkühlen: ca. 20 Minuten

- 50 g rote Linsen (oder gelbe)
- 1 kleine Zwiebel
- 1 Knoblauchzehe
- 2 Karotten
- 1 rote Paprikaschote
- 2 EL Olivenöl
- ½ Zitrone
- ½ TL Salz
- 1 Prise frisch gemahlener schwarzer Pfeffer
- 1–2 EL gehackte Kräuter (frisch oder TK)

Dieser Linsenaufstrich ist ganz leicht selbst zu machen und schmeckt ebenfalls tausendmal besser als jeder gekaufte! Ist superlecker als Brotaufstrich, verfeinert Soßen und ist auch als Dip perfekt.

1 Die Linsen in einem Sieb waschen und abtropfen lassen. Die Zwiebel, den Knoblauch und die Karotten schälen, alles klein schneiden und mit den Linsen und 150 ml Wasser in einen Topf geben. Die Mischung aufkochen und abgedeckt 15 Minuten köcheln lassen.

2 In der Zwischenzeit die Paprika halbieren, entkernen, waschen und klein schneiden. Zum Gemüse in den Topf geben und alles weitere 5 Minuten köcheln lassen. Ziehe dann den Topf vom Herd und lasse die Mischung erst einmal abkühlen.

3 Die Linsen-Mischung im Mixer zusammen mit dem Olivenöl fein pürieren. Die Zitrone auspressen und den Aufstrich mit dem Zitronensaft, dem Salz, etwas Pfeffer und den Kräutern würzen. Im Kühlschrank aufbewahren und innerhalb von 3–4 Tagen essen.

Gurkensalat

KOREANISCH INSPIRIERT

ZUTATEN

Für 3–4 Portionen

ca. 10 Minuten

Ziehen: 10–50 Minuten

- 2 Salatgurken
- 1 TL Salz
- 1 Knoblauchzehe
- 3 EL Reisessig
- 2 El Sojasoße
- 1 EL Sesamöl
- 1 EL Zitronensaft (wer mag)
- 1 El Ahornsirup
- ½ TL Chili Flocken (wer mag)
- 1 Tl heller Sesam

Dieser Gurkensalat macht wirklich süchtig! Mir geht es zumindest so und ich könnte den Salat jeden Tag essen. Süß, sauer, leicht scharf – alle Geschmacksrichtungen gehen hier eine super Verbindung ein. Und mit der frischen, saftigen Gurke wird der Salat einfach perfekt – ob als Vorspeise oder Snack.

1 Wasche die Gurken und schäle sie grob. Ein bisschen Schale darf ruhig dran bleiben.

2 Schneide deine Gurken der Länge nach in zwei Hälften und lege sie mit den Schnittflächen nach unten auf ein Brett. Nun presse mit der flachen Seite deines Messers oder, falls dir das zu gefährlich ist, mit deinem Handballen so fest auf die Gurkenhälften, dass sie an den Schnittstellen etwas aufplatzen. Das ist für den Look schön und sorgt dafür, dass die Soße noch besser einziehen kann.

3 Schneide jeweils beide Hälften noch mal in der Mitte durch, falls sie durch das Pressen nicht sowieso schon geteilt wurden. Schneide deine Gurken in kleine Stücke und gib sie in eine Schüssel. Rühre das Salz dazu, vermenge alles gründlich und stelle es für 10–20 Minuten zur Seite. Das Salz sorgt dafür, dass die Flüssigkeit austritt.

4 In der Zwischenzeit die Knoblauchzehe schälen, klein schneiden und mit allen restlichen Zutaten verrühren.

5 Gieße das Wasser, das aus den Gurken ausgetreten ist, ab, und rühre die Soße zu den Gurken. Vermenge alles gut und genieße den Salat direkt oder lasse ihn noch mal 30 Minuten im Kühlschrank ziehen.

REFLEXION

Welches war das verrückteste oder ausgefallenste Gericht, das ich je ausprobiert habe? Was hat mir daran Spaß gemacht?

Veganes Naan-Brot

MIT GEWÜRZÖL

ZUTATEN

Für 6 Stück

ca. 25 Minuten

Gehen: ca. 1 Stunde

Backen: ca. 8 Minuten

- 300 g Weizenmehl Type 550 (oder Dinkelmehl Type 630) + etwas mehr zum Bearbeiten
- 1 TL Trockenhefe
- 1 TL Salz
- 1 TL Zucker
- 125 g Sojajoghurt
- 6 EL Olivenöl
- 5 Stängel Thymian
- 2 Knoblauchzehen
- 1 TL Schwarzkümmel

Stell dir vor, du bist in deinem Zimmer und langsam zieht ein Duft von warmem, frisch gebackenem Brot durch die Türspalte ... So ungefähr ist das bei diesem leckeren, saftigen Naan-Brot! Perfekt für Buffets, mit Dips oder als Snack!

1 Das Mehl mit der Trockenhefe, Salz und Zucker in einer Schüssel mischen. Sojajoghurt, 2 Esslöffel Olivenöl und 60 ml lauwarmes Wasser dazugeben und alles in der Küchenmaschine oder mit der Hand ca. 10 Minuten lang zu einem glatten, geschmeidigen Teig verkneten.

2 Decke die Schüssel mit einem Geschirrtuch ab und lasse den Teig ca. 1 Stunde bei Zimmertemperatur gehen, bis er sich deutlich vergrößert hat.

3 In der Zwischenzeit den Thymian waschen, trocken tupfen und die Blättchen abzupfen. Den Knoblauch schälen und sehr klein schneiden. Beides mit 3 Esslöffeln Olivenöl und dem Schwarzkümmel mischen und abgedeckt ziehen lassen.

4 Knete den Teig auf einer mit etwas Mehl bestäubten Fläche durch und teile ihn in sechs etwa gleich große Stücke. Ziehe jedes Teigstück zu einem länglichen, knapp 1 cm dicken Fladen auseinander.

5 Ein Backblech mit Backpapier auslegen und den letzten Esslöffel Öl darauf verteilen (durch das Öl ziehen sich deine Fladen nicht zusammen). Die Teigfladen auf dem Blech verteilen, mit dem Gewürz-Öl bestreichen und alles noch mal 10 Minuten ruhen lassen.

6 Den Backofen auf 220 °C Ober-/Unterhitze vorheizen und die Brote darin etwa 8 Minuten backen, bis sie anfangen zu bräunen. Aus dem Ofen nehmen und am besten lauwarm genießen.

TIPP:
Statt des Backpapiers kannst du mal eine nachhaltige Backmatte ausprobieren!

Karottenlax

MIT FLÜSSIGRAUCH

ZUTATEN

Für 3–4 Portionen

ca. 20 Minuten

Marinieren: ca. 12 Stunden

- 4 Karotten
- 1 EL Sojasoße
- 2 EL Pflanzenöl
- 2 TL Ahornsirup
- 1 TL Misopaste
- 2 EL Reisessig
- 3 TL Flüssigrauch
- ½ zerbröseltes Nori-Blatt (ca. 2 EL)
- ½ TL Salz

Als ich noch bei meiner Familie gelebt habe, war mein Highlight immer das Sonntagsfrühstück, bei dem es zur Feier des Tages meist Brötchen mit Avocado und Räucherlachs gab. Ich glaube, ich habe kaum etwas so sehr genossen! Umso glücklicher war ich, als ich letztes Jahr das erste Mal Karottenlax in einem Café bestellt habe und geflasht war, wie sehr es nach Lachs schmeckt! Das musste ich auch mal selbst ausprobieren – und es ist so einfach! Versuche es auch mal und überrasche deine Familie mit diesem leckeren Rezept! Wie immer kannst du auch hier alle Zutaten nach deinem Geschmack anpassen.

1 Schäle die Karotte und schneide sie mit einem Gemüseschäler oder mit einem Messer längs in dünne Streifen.

2 In einem Topf etwas Wasser aufkochen. In einem Dampfeinsatz die Karottenstreifen ca. 5 Minuten dämpfen, bis sie sehr weich sind. Nur wenn sie richtig weich sind, ähnelt die Konsistenz später dem echten Räucherlachs.

3 Verrühre nun alle restlichen Zutaten zu einer Marinade, gib die Karotten hinein und vermenge alles gründlich, bis die Marinade komplett verteilt ist. Fülle alles in einen verschließbaren Behälter und lasse die Karottenstreifen für mindestens 1 Nacht im Kühlschrank ziehen. Anschließend wie gewünscht servieren und zum Beispiel mit Dill garnieren.

TIPP:
Falls du dich fragst, woher du Flüssigrauch bekommst: Mittlerweile gibt es ihn in fast jedem Bio-Markt und in ganz vielen Supermärkten, meist bei den Grillsoßen als Liquid Smoke. Ansonsten findest du auch im Internet eine große Auswahl.

REFLEXION

Wie wähle ich aus, was ich kochen oder essen möchte? Welche Kriterien spielen die tragende Rolle bei meiner Entscheidung?

....

....

Bruschetta

IN ZWEI VARIANTEN

ZUTATEN

Für 4 Portionen

ca. 20 Minuten

FÜR DIE TOMATE-BASILIKUM-BRUSCHETTA:

- 2 Knoblauchzehen
- 2 Schalotten
- 500 g Tomaten
- 2 EL Olivenöl
- 1 EL heller Balsamico-Essig
- ½ TL Salz
- 2 Prisen frisch gemahlener schwarzer Pfeffer
- 3 Stängel Basilikum

FÜR DIE AVOCADO-GURKE-BRUSCHETTA:

- 1 Avocado
- ½ Salatgurke
- ½ Zitrone
- 1 EL Olivenöl
- ½ TL Salz
- 1 Prise frisch gemahlener schwarzer Pfeffer
- 2 EL Sprossen (zum Beispiel Kresse, Rettich oder Alfalfa)

AUSSERDEM:

- 1 veganes Ciabatta
- ca. 4 EL Olivenöl zum Bestreichen

Wenn ich in einem Restaurant esse und sie dort Bruschetta anbieten, dann kannst du dir sicher sein, dass ich in zehn von zehn Fällen als Vorspeise Bruschetta bestelle. Es schmeckt so schön frisch, ist so unkompliziert, irgendwie immer gut und vor allem saftig! Ich zeige dir hier einmal eine klassische Variante und eine Alternative, falls du keine Tomaten magst.

1 Für die Tomaten-Basilikum-Variante den Knoblauch und die Schalotten schälen und würfeln. Die Tomaten waschen und die grünen Stielansätze herausschneiden. Die Tomaten in kleine Würfel schneiden und mit den Schalotten, dem Knoblauch, dem Olivenöl und dem Essig mischen. Mit Salz und Pfeffer würzen.

2 Den Backofen auf 200 °C Ober-/Unterhitze vorheizen und dann mit der zweiten Bruschetta-Sorte beginnen.

3 Die Avocado halbieren. Den Stein mit einem Messer anschlagen und herausdrehen. Das Fruchtfleisch mit einem Esslöffel aus der Schale heben und klein würfeln. Die Gurke waschen, erst längs in dünne Streifen und dann in kleine Würfel schneiden. Beides mit dem Saft der Zitrone, dem Olivenöl, Salz und Pfeffer würzen und mischen.

4 Das Ciabatta in Scheiben schneiden und jede Scheibe auf beiden Seiten dünn mit etwas Olivenöl bestreichen. Auf einem Backblech verteilen und im Ofen ca. 5 Minuten rösten. Dann wenden und erneut 2 Minuten rösten. Wasche in dieser Zeit Basilikum und Sprossen und tupfe beides anschließend trocken.

5 Verteile nun auf die Hälfte der Brote die Tomatenmischung und streue die Basilikumblätter darüber. Auf die andere Hälfte gibst du die Avocado-Gurken-Mischung und streust die Sprossen darüber.

Food Diary

Mittagessen

Die Mahlzeit, die irgendwie total underrated ist, oder?
Im Alltag bleibt oftmals nicht viel Zeit für ein ordentliches Mittagessen: Manchmal schiebt man das Frühstück so weit nach hinten, dass es schon als Mittagessen durchgeht, oder hat im stressigen Alltag nur mal eben Zeit für einen Snack. Dabei gibt es so viele Gerichte, die unkompliziert und superlecker sind! Es wird Zeit, dem Mittagessen seine wohlverdiente Anerkennung zu geben, und es nicht mehr zu vergessen oder zu verschieben!

S

Manchmal hat man Lust auf etwas Leichtes, manchmal auf etwas Deftiges. Ich habe versucht, eine kunterbunte Mischung an Rezepten für dein perfektes Mittagessen zusammenzustellen. Ob es ein warmes Curry oder knackige Sommerrollen sein sollen – du findest hier bestimmt etwas Passendes!

Reflexion: Mittagessen und ich

1 Warmes oder kaltes Mittagessen – was mag ich lieber? Was mag ich in welcher Situation am liebsten?

2 Welche Gerichte kann ich vorkochen und sie gut aufwärmen, wenn es mittags mal schnell gehen muss? Was schmeckt mir aufgewärmt gar nicht und sollte lieber frisch zubereitet werden? Was kann ich sogar kalt essen?

3 Was habe ich als Kind am liebsten zu Mittag gegessen?

4 Auswärts essen in der Mittagspause: Wo bekomme ich den besten veganen Lunch in meiner Nähe und was ist es? Kann ich das beim nächsten Mal ganz einfach zu Hause nachmachen – welche Zutaten brauche ich dafür?

5 Aus welchen 3 Lebensmitteln, die ich immer im Haus habe, kann ich ein leckeres Mittagessen zaubern?

6 Süßes zum Mittag geht auch! Was darf es sein?

7 Wenn ich ein Leben lang nur noch ein Gericht zu Mittag essen könnte, welches wäre es?

8 Dieses Mittagessen kann ich blind zubereiten und es gelingt immer wieder:

Mini-Pfannkuchen

SCHÖN HERZHAFT

ZUTATEN
Für 4–6 Stück
ca. 15 Minuten

FÜR DEN PFANNKUCHEN-TEIG:

- 100 g Haferflocken (oder Hafermehl)
- 2 TL Chiasamen (wer mag)
- 250 ml Haferdrink
- 1 Prise Paprikapulver
- 1 Prise Knoblauchpulver
- ½ TL Salz
- 1 Prise frisch gemahlener schwarzer Pfeffer

FÜR DAS TOPPING:

- ¼ Salatgurke
- 10 Cherrytomaten
- ½ Avocado
- 4 EL veganer Frischkäse
- ca. 3 EL Sriracha-Soße

AUSSERDEM:

- 4 EL neutrales Pflanzenöl (z.B. Sonnenblumenöl oder Rapsöl) zum Braten

Diese Mini-Pfannkuchen sind in wenigen Minuten fertig und können supergut mit Gemüseresten zubereitet werden. Ich selbst fülle sie eigentlich jedes Mal mit anderen Zutaten, aber Gurke, Tomate und Avocado sind generell einfach meine Go-Tos. Ich liebe es einfach knackig und frisch! Lecker schmeckt es aber auch mit Karottenlax (Seite 68), Bohnen, veganem Käse, veganem Mett, Mais oder Salat. Entweder snackst du die Pfannkuchen zwischendurch oder du bereitest etwas mehr zu und hast ein tolles, schnelles Mittagessen.

1 Wenn du nur ganze Haferflocken hast, verarbeite sie zusammen mit den Chiasamen zuallererst zu Haferflockenmehl. Fülle das Mehl in eine Schüssel, gib den Haferdrink dazu und verrühre alles zu einem glatten Teig.

2 Stelle den Teig nun kurz zur Seite und wasche und schneide in der Zeit dein Gemüse. Ich mag es, alles in sehr dünne Streifen zu schneiden, damit man es später gut einrollen kann.

3 Erhitze etwas Öl in einer Pfanne und gib bei mittlerer Hitze die gewünschte Teigmenge hinein – je nachdem, wie groß du deine Pfannkuchen magst. Brate den Pfannkuchen ca. 5 Minuten von einer Seite, wende ihn dann vorsichtig und brate ihn von der anderen Seite noch mal 3–4 Minuten, bis beide Seiten goldbraun sind.

4 Gib den Pfannkuchen auf einen Teller und brate aus dem restlichen Teig mit jeweils etwas Öl so viele Pfannkuchen, bis der Teig verbraucht ist.

5 Bestreiche deine Pfannkuchen mit Frischkäse, gib das Gemüse auf eine Hälfte und gib ihnen das gewisse Extra mit einer guten Portion Sriracha. Zusammenklappen oder einrollen und genießen!

REFLEXION

Zu viel Salz? Viel Soße oder lieber trocken? Welche Eigenarten habe ich beim Essen? Welche außergewöhnlichen Essenskombis sind superlecker?

....

....

Kichererbsen-Kokos-Curry

MIT SÜSSKARTOFFEL

ZUTATEN
Für 2 Portionen
ca. 20 Minuten
Kochen: ca. 10–15 Minuten

- 1 Süßkartoffel
- 1 Zucchini
- 1 Zwiebel
- 2 cm Ingwer
- 1 Dose Kichererbsen (Abtropfgewicht 250 g)
- 1 EL Kokosöl
- 1 TL gemahlener Kurkuma
- 1 TL gemahlener Kreuzkümmel
- 2 TL Currypulver (oder 1–2 TL rote Currypaste)
- 1 EL Tomatenmark
- 1 TL brauner Zucker (oder Ahornsirup, Kokosblütenzucker u.Ä.)
- 1 Dose stückige Tomaten (400 g)
- 1 Dose Kokosmilch (400 ml)
- 1 TL Salz
- 2 Prisen frisch gemahlener schwarzer Pfeffer
- ½ TL Cayennepfeffer
- 1 Prise Muskatnuss

AUSSERDEM:

- 1 Limette
- 1–2 Stängel Thai-Basilikum

Das ist ein richtiges Wohlfühl-Gericht! Warm, würzig, cremig … einfach so, wie ich es mag. Ich bin ein riesiger Fan von Currys. Zum einen, weil sie sehr schnell zubereitet sind und man im Prinzip jedes Gemüse dafür verwenden kann, zum anderen, weil sie geschmacklich einfach so »satisfying« sind! Weißt du, was ich meine? Ich finde, es gibt einfach nichts Besseres als die Gefühle, die von einem guten Curry ausgelöst werden!

1 Die Süßkartoffel schälen und würfeln. Die Zucchini waschen und ebenfalls würfeln. Die Zwiebel schälen und in Streifen schneiden. Den Ingwer schälen und ganz fein hacken. Die Kichererbsen in ein Sieb schütten, kurz abspülen und dann abtropfen lassen.

2 Das Kokosöl in einem Topf erhitzen. Die Zwiebel, den Ingwer, Kurkuma, Kreuzkümmel, Currypulver (oder Currypaste), Tomatenmark und Zucker darin 1–2 Minuten anschwitzen. Kichererbsen, Süßkartoffel und Zucchini zugeben und kurz mit anschwitzen. Dann die stückigen Tomaten mit der Kokosmilch und dem Salz hinzugeben und alles aufkochen.

3 Lass alles bei kleiner Hitze ca. 10–15 Minuten köcheln, bis die Süßkartoffeln gar sind, und rühre zuletzt Pfeffer, Cayennepfeffer und Muskat darunter.

4 Wasche die Limette und das Thai-Basilikum. Serviere dein Curry mit Limettenecken und bestreue es mit den Thai-Basilikumblättern.

TIPP:
Schmeckt, wie alle Currys, am nächsten Tag noch besser! Etwas kalter Joghurt on top passt sehr gut dazu!

Buffalo-Blumenkohl-Wings

MIT SCHNITTLAUCH-DIP

ZUTATEN
Für 4 Portionen
ca. 20 Minuten
Backen: ca. 40 Minuten

FÜR DIE WINGS:
- 1 Blumenkohl
- 100 g Weizenmehl Type 450 (oder Dinkelmehl Type 630)
- 2 TL Knoblauchpulver
- 1 TL geräuchertes Paprikapulver
- 1 TL Salz
- 1 Prise frisch gemahlener schwarzer Pfeffer
- 150 ml Pflanzendrink (deine Lieblingssorte), am besten eignet sich für mich Hafer- oder Sojadrink
- 2 EL Agavendicksaft
- 100–150 g Panko-Paniermehl
- 150 g vegane Buffalo-Soße (oder deine Lieblings-BBQ-Soße)

FÜR DEN DIP:
- ½ Bund Schnittlauch
- 100 g vegane Crème fraîche (oder veganer Joghurt oder Frischkäse)
- 1 Spritzer Zitronensaft
- ½ TL Salz
- 2 Prisen frisch gemahlener schwarzer Pfeffer

Aus Blumenkohl kann man bekanntlich ja superviel machen. Vegane Fischstäbchen, Pizzaboden, Reis, Soßen … Ich persönlich mag diese Art, ihn zuzubereiten besonders gern, weil es so cremig, würzig und »satisfying« ist. Ist locker-flockig zu machen und perfekt für Abende mit Freunden oder Film-Marathons!

1 Heize schon mal den Backofen auf 180 °C Ober-/Unterhitze vor und lege ein Backblech mit Backpapier oder einer Backmatte aus.

2 Den Blumenkohl waschen und in kleine Röschen zerteilen. Dann Mehl, Knoblauchpulver, Paprika, Salz und etwas Pfeffer in einer Schüssel verrühren und langsam unter Rühren den Pflanzendrink dazugeben und den Agavendicksaft.

3 Verteile das Paniermehl in einer Schale. Tauche die Blumenkohlröschen einzeln in die Drink-Mischung, sodass sie von allen Seiten bedeckt sind, und wälze sie anschließend im Paniermehl. Alle Röschen gleichmäßig und mit etwas Abstand auf dem Backblech verteilen und für 10 Minuten in den heißen Ofen schieben.

4 Hole die Röschen aus dem Ofen und mische sie in einer Schüssel mit der Buffalo-Soße. Gib sie dann zurück auf das Blech und backe sie weitere 30 Minuten. Nach der Hälfte der Zeit einmal wenden.

5 In der Zwischenzeit bereitest du den Dip zu. Wasche dafür den Schnittlauch, schneide ihn in feine Ringe und verrühre ihn mit allen anderen Dip-Zutaten.

6 Die fertig gebackenen Wings aus dem Ofen holen und zusammen mit dem Dip servieren.

TIPP:
Statt der Buffalo-Soße kannst du auch Barbecue-Soße oder Hot-Chili-Soße nehmen. Ich lieeeebe viel Dip – probier doch mal die doppelte Menge, wenn du genau so bist!

REFLEXION

Die Spielregeln in meiner Küche:

....

Kartoffelpüree

MIT GLÜCKSSOSSE

ZUTATEN
Für 2 Portionen
ca. 45 Minuten
Kochen: ca. 15 Minuten

FÜR DAS KARTOFFELPÜREE:
- 500 g mehligkochende Kartoffeln
- 3 TL Salz
- 1 Prise Muskat
- 25 g vegane Margarine (wenn du magst auch etwas mehr oder weniger)
- 100 ml Pflanzendrink (deine Lieblingssorte)
- 1 Schuss vegane Sahne (wer mag)

FÜR DIE SOSSE:
- 1 Packung veganes Hack (etwa 250 g)
- 1 Zwiebel
- 2 Knoblauchzehen
- 1 Möhre
- 3 Kräuterseitlinge (oder 1 Zucchini, 1 Aubergine oder Gemüse nach Wahl)
- 2 EL Olivenöl

Das Rezept habe ich 2019 und 2020 ganz oft gemacht. Es ist einfach so schön cremig, würzig und simpel. Wenn du dich entscheiden müsstest: Welche wäre deine liebste Art, Kartoffeln zuzubereiten oder zu essen?
Ich liebe Kartoffeln in allen Varianten, aber Kartoffelpüree steht bei mir auf jeden Fall ganz oben auf der Liste. Ich könnte das auch einfach pur essen und wäre glücklich! Das Rezept habe ich angelehnt an die ganz klassische deutsche Zubereitungsweise, so, wie ich es früher zu Hause gelernt habe. Ich habe aber einen kleinen Twist reingebracht, indem ich die Kartoffeln püriere. Das ergibt eine extrem cremige Konsistenz. Wenn du magst, kannst du sie natürlich auch stampfen.

1 Die Kartoffeln waschen, schälen, in Würfel schneiden und in einen Topf geben. Mit Wasser auffüllen, bis alle Kartoffeln bedeckt sind, 2 TL Salz dazugeben, den Deckel aufsetzen und alles zum Kochen bringen. Je nach Größe deiner Kartoffelwürfel sollten sie in 10–15 Minuten gar sein. Teste das mit einem Messer oder einer Gabel: Wenn du sie aufpickst und sie herunterrutschen, sind sie fertig.

2 In der Zwischenzeit die Zwiebel und die Knoblauchzehe für die Soße schälen und hacken. Die Möhre schälen und fein würfeln. Die Kräuterseitlinge feucht abreiben, putzen und auch in kleine Würfel schneiden. (Falls du andere Gemüsesorten nimmst: einfach ebenfalls waschen, putzen und würfeln.)

3 Die gewürfelten Zwiebeln mit dem Olivenöl in eine Pfanne geben und auf mittlerer Stufe ca. 2 Minuten andünsten. Den Knoblauch zusammen mit den Chiliflocken und dem Paprikapulver hinzugeben. 2 Minuten weiterdünsten, dann das Tomatenmark und die Möhre mit in die Pfanne geben. Schöpfe 2–3 Esslöffel der

TIPP:
Statt dem veganen Hack kannst du auch Linsen zur Soße geben. Dafür vorher 150 g rote Linsen in ein Sieb geben, waschen und dann mit Gemüsebrühe zum Köcheln bringen. Auf mittlerer Hitze etwa 10–15 Minuten gar kochen. Zum Aufpeppen deines Pürees kannst du außerdem noch etwas Brokkoli dämpfen und darüberstreuen, für mehr »Crunch« Pinien- oder Sonnenblumenkerne rösten und dazugeben oder auch mal ein veganes Schnitzel dazu braten!

- ½ TL Chiliflocken
- ½ TL geräuchertes Paprikapulver
- 4 EL Tomatenmark
- 120 ml Gemüsebrühe
- ½ TL Salz
- ½ TL frisch gemahlener schwarzer Pfeffer
- 1 Packung veganes Hack oder Soja-Geschnetzeltes (zubereitet etwa 200 g)
- 2–3 EL vegane Crème fraîche
- 100 ml vegane Sahne

AUSSERDEM:

- frische Kräuter zum Dekorieren (z.B. Petersilie oder Schnittlauch)

Gemüsebrühe ab und gib sie zu den Möhren, nach weiteren 1–2 Minuten kommen die Kräuterseitlinge dazu. Würze deine Gemüsemischung mit Salz und Pfeffer.

4 Das vegane Hack in die Pfanne geben, kurz anbraten. Dann gibst du die restliche Gemüsebrühe zum Gemüse und rührst die Crème fraîche und die vegane Sahne dazu. Lasse alles nochmals aufkochen und schmecke es zum Schluss mit Salz und Pfeffer ab. Wenn du magst, kannst du deine Soße mit weiterer Gemüsebrühe verdünnen oder mit weiterer Sahne verfeinern.

5 Gieße die Kartoffeln ab und gib Muskat, restliches Salz, Margarine, Pflanzendrink und eventuell einen Schuss Sahne dazu. Püriere alles mit dem Stabmixer cremig oder stampfe die Mischung mit dem Kartoffelstampfer zu Püree. Schmecke zum Schluss nochmal mit Salz und Pfeffer ab.

6 Kartoffelpüree in der Mitte der Teller anrichten und die Soße daraufgeben. Mit frischen Kräutern garnieren und genießen!

Ramen-Suppe

MIT PAK CHOI UND SHIITAKE

ZUTATEN

Für 2 Portionen

ca. 15 Minuten

- 1 EL Rapsöl
- 2 Knoblauchzehen
- 2 cm Ingwer
- 1 rote Chilischote
- 1 TL brauner Zucker (oder Agavendicksaft)
- 3 EL Sojasoße
- 1 Stück Kombu (eine Meeresalge, geht auch ohne, gibt aber viel Aroma)
- 300 ml Gemüsebrühe
- 100 ml Haferdrink (oder deine Lieblingssorte)
- 2 Baby-Pak-Choi
- 8 Shiitake
- 4 Frühlingszwiebeln
- 3 EL geröstetes Sesamöl
- 150 g Instant Ramen-Nudeln (oder Mie-Nudeln)
- 2 EL Miso-Paste (deine Lieblingssorte)
- 2 TL Sesamsamen

1 Für den Sud den Knoblauch und den Ingwer schälen und fein hacken. Die Chilischote waschen und in feine Ringe schneiden. Knoblauch, Ingwer, Chili und Zucker in einem Topf mit dem Öl 1–2 Minuten erhitzen. Sojasoße und Kombu dazugeben und die heiße Gemüsebrühe mit dem Haferdrink dazugießen. Alles verrühren und bei mittlerer Hitze 15 Minuten köcheln lassen. Nach Belieben am Ende salzen.

2 Währenddessen kannst du schon mal den Pak Choi waschen, trocken schütteln und längs vierteln. Die Shiitake putzen und, wenn du magst, klein schneiden (ich lasse sie am liebsten ganz). Die Frühlingszwiebeln waschen, putzen und in feine Ringe schneiden.

3 Das Gemüse in einer Pfanne im heißen Sesamöl kurz anschwitzen. Die Nudeln in einer Schüssel mit kochendem Wasser übergießen und 5 Minuten ziehen lassen.

4 Kombu aus dem Sud nehmen, die Nudeln abgießen und in den Sud geben. Etwas von der Flüssigkeit in eine Tasse geben, die Miso-Paste darin auflösen und dann zurück in die Suppe gießen.

5 Verteile die Suppe in zwei Schalen und gib dann das Gemüse darauf. Mit Sesam bestreut genießen.

TIPP:

Wenn du Zeit hast, kannst du die Gemüsebrühe selbst machen: Entweder mit Gemüseresten wie Zwiebelschalen, Möhrenschalen oder Lauchenden – mit all dem, was du sonst wegwerfen würdest. Diese Reste kannst du jedes Mal beim Kochen sammeln, einfrieren und dann bei Gelegenheit daraus eine Brühe kochen. Oder du nimmst frisches Gemüse wie eine Handvoll Pilze, 2–3 Zwiebeln,1 Stange Lauch, 1 Stück Sellerie und 1 Stück Kombu. Vor dem Kochen schneidest du alles in kleine Streifen und kochst die Mischung mit Wasser bei kleiner Hitze 2–3 Stunden.

Vegan Grilled Cheese Sandwich

MIT PILZEN

ZUTATEN

Für 2 Portionen

ca. 20 Minuten

- 250 g Pilze (z.B. Champignons, Austernpilze oder Kräuterseitlinge)
- 1 Zwiebel
- 3 EL Olivenöl
- 1 Handvoll junger Spinat
- 1 Prise Salz
- 1 Prise frisch gemahlener schwarzer Pfeffer
- 4 dicke Scheiben Brot (dein Lieblingsbrot, geeignet ist z.B. luftiges Weizen- oder Dinkelbrot)
- 2 EL veganer Frischkäse
- 4 EL geriebener veganer Mozzarella (oder ein anderer veganer Käse zum Schmelzen)

Manchmal ist ein knuspriges, käsiges Sandwich genau das, was man gerade braucht. Dieses Sandwich lässt mich nachts noch davon träumen. Mit den Pilzen ist es für mich perfekt, aber du kannst diese natürlich auch weglassen oder durch Zucchini, getrocknete Tomaten, Aubergine, Oliven oder Mais ersetzen.

1 Die Pilze trocken abreiben, putzen und in Scheiben schneiden. Die Zwiebel schälen, halbieren und in Streifen schneiden. Beides in einer Pfanne in 1 Esslöffel heißem Olivenöl etwa 5 Minuten anbraten, bis die Pilze schön trocken sind.

2 Inzwischen den Spinat waschen und trocken tupfen. Unter die Pilze mischen, mit Salz und Pfeffer würzen und kurz erhitzen, bis der Spinat etwas zusammengefallen ist. Dann kannst du die Pfanne vom Herd ziehen.

3 Die Brotscheiben dünn mit dem übrigen Olivenöl bestreichen und in einer zweiten heißen Pfanne goldbraun anrösten. Die Scheiben wenden, mit Frischkäse bestreichen und die Pilz-Spinat-Mischung auf zwei Brotscheiben verteilen. Den Mozzarella darüberstreuen und die anderen beiden Brotscheiben so darauflegen, dass die ungeröstete Seite jeweils oben ist.

4 Brate die Sandwiches so lange, bis der Käse geschmolzen ist. Falls du das Gefühl hast, dass der Käse nicht richtig schmilzt, lege kurz den Deckel auf die Pfanne.

5 Die Brote vorsichtig wenden und auf der zweiten Seite ebenso braten. Sind beide Seiten goldbraun und ist der Käse schön geschmolzen, nimm die Sandwiches aus der Pfanne, halbiere sie und genieße sie am besten heiß und ganz frisch.

TIPP:
Du kannst die Brote beim Braten auch mit einer Pfanne beschweren oder mit dem Pfannenwender etwas andrücken, dann biegen sich die Scheiben nicht.

REFLEXION

Was war mein Lieblingsessen als Kind? Was ist es heute?

....

....

Cheesy Knoblauchbrot

KÄSEBROT EXTREME

ZUTATEN

Für 4 Portionen

ca. 15 Minuten

Backen: ca. 25 Minuten

- 1 weicher, möglichst hell gebackener Laib Brot (500 g, z.B. Dinkelbrot)
- 70 g vegane Margarine
- 1 Bund Schnittlauch
- 2 Knoblauchzehen
- ½ TL Knoblauchpulver
- 1 Prise Chiliflocken
- 1 Prise Salz
- 1 Prise frisch gemahlener schwarzer Pfeffer
- 100 g veganer Frischkäse
- 100 g veganer Käse (Streu- oder Scheibenkäse)

Das cheesy Knoblauchbrot ist perfekt für Spiele- und Filmabende oder für Grilltage im Sommer! Auch hier kannst du kreativ werden: Auch mit Pesto oder in Öl eingelegten getrockneten Tomaten schmeckt das Brot superlecker!

1 Heize den Ofen auf 180 °C Umluft vor und schneide dein Brot quer und längs im Abstand von ca. 2 cm tief ein, aber nicht durch. Es ist wichtig, dass das Brot noch gut zusammenhält.

2 Die Margarine in einem Topf schmelzen und dann vom Herd ziehen. Den Schnittlauch waschen, trocken tupfen und klein schneiden. Die Knoblauchzehen schälen und fein hacken.

3 Vermenge die Margarine mit allen Zutaten bis auf den Frischkäse und den Käse und bestreiche damit das Brot. Achte dabei darauf, dass die Kräutermargarine auch in die Schnittstellen gelangt.

4 Nun die Schnittstellen leicht auseinanderziehen und die Innenräume zuerst mit dem Frischkäse bestreichen und dann mit dem Käse füllen. Je besser du alles in das Brot verteilst, umso leckerer ist später das Ergebnis.

5 Decke das Brot mit Alufolie oder einem ofenfesten Deckel ab und schiebe es für ca. 15 Minuten in den heißen Backofen. Entferne dann die Abdeckung und backe das Brot noch ca. 10 Minuten weiter, bis der Käse schön geschmolzen ist.

TIPP:
Wenn du keine Alufolie verwenden möchtest und keinen ofenfesten Deckel hast, kannst du das Brot auch ohne Abdeckung zubereiten. Damit die Oberfläche nicht zu dunkel wird, sollte das Brot außen sehr hell sein. Schiebe es außerdem in die untere Schiene des Backofens. Behalte das Brot im Blick – sobald es zu dunkel wird, muss es herausgeholt werden.

REFLEXION

Unterschätze niemals das Ambiente! Mach es dir gemütlich, zünde ein paar Kerzen an oder höre deine Lieblingsmusik beim Essen. Du wirst sehen, das bewirkt Wunder! Wie fühlt es sich an?

....

Kartoffelteigtaschen

MIT LECKERER FÜLLUNG

ZUTATEN

Für 2 Portionen

ca. 30 Minuten

Kochen: ca. 10 Minuten

- 300 g mehligkochende Kartoffeln
- 1 TL Salz
- 2–3 gehäufte TL Kartoffelstärke (oder Maisstärke)
- 2 Prisen frisch geriebene Muskatnuss
- 4–5 EL geriebener veganer Käse (z.B. Cheddar, Mozzarella oder deine Lieblingssorte)
- 1 TL getrocknete Kräuter (z.B. Oregano oder eine Kräutermischung)
- 3 EL Olivenöl

Ich liebe Kartoffeln. Man kann einfach so vieles mit ihnen anstellen. Gratin? Kartoffelpüree? Pommes? Brot? Suppe? Bratkartoffeln? Ofenkartoffeln? Puffer? Ich sage jedes Mal: »Ja, bitte!« Und genauso gut sind auch diese Kartoffelteigtaschen. Sie schmecken für sich alleine phänomenal, sind aber auch als Beilage super.

1 Die Kartoffeln waschen, schälen und würfeln. Mit ½ Teelöffel Salz in einen Topf geben und und knapp mit Wasser bedecken. Aufkochen und in ca. 10 Minuten gar kochen (je nach Größe der Würfel). Anschließend abgießen, kurz ausdämpfen lassen und in eine Schüssel geben.

2 Die Kartoffeln noch warm mit einer Gabel zerdrücken. Die Stärke, das restliche Salz und Muskatnuss dazugeben und alles vorsichtig vermengen (nicht kneten, sonst wird der Teig zäh).

3 Aus der Masse 6 Kugeln formen. Falls der Teig klebt, kannst du deine Hände mit etwas Kartoffelstärke bestäuben. Jede Kugel in der Handfläche flach drücken, Käse und Kräuter in die Mitte geben und alles wieder rund formen. Dann die Kugeln etwas flach drücken.

4 Das Olivenöl in einer Pfanne erhitzen und die Teigtaschen auf jeder Seite bei mittlerer Hitze 3–4 Minuten goldbraun braten.

TIPP:

Wer keinen Käse verwenden möchte, kann die Kartoffelteigtaschen auch mit Spinat, Pilzen oder anderem Gemüse füllen – vorher einfach klein schneiden und in etwas heißem Öl kurz anbraten.

TIPP:
Wenn du einen Dip dazu essen magst: Verrühre 250 g veganen Joghurt mit dem Saft von ½ Zitrone, 1 klein gehackten Knoblauchzehe und 2–3 Esslöffeln Schnittlauchröllchen. Mit Salz und Pfeffer würzen. Dazu schmeckt ein Blattsalat mit einer leichten Vinaigrette sehr gut.

Korean Tofu

MIT SESAM-BROKKOLI

ZUTATEN

Für 2 Portionen
ca. 30 Minuten
Pressen: ca. 1 Stunde
Kochen: ca. 30 Minuten

- 400 g Tofu
- 1 Tasse Vollkornreis
- 1 TL Salz
- 3 EL Speisestärke
- 1 EL Mehl
- 50 ml neutrales Speiseöl (z. B. Sonnenblumenöl)
- 1 Brokkoli
- 6 EL Ketchup
- 3 EL Reissirup (oder Agavendicksaft)
- 1 EL Gochujang (fermentierte scharfe Chilipaste oder eine andere Chilipaste)
- ½ TL Knoblauchpulver
- 1 EL Sesamöl
- 2 TL Sesamsamen

Das ist eines meiner Lieblingsgerichte … leicht scharf, ein bisschen süß, saftig und gleichzeitig knusprig. Wer bisher gesagt hat, er mag keinen Tofu, wird seine Meinung nach diesem Rezept vermutlich ändern oder zumindest überdenken! Zusammen mit Reis und Brokkoli ist das für mich ein perfektes Gericht!

1 Für dieses Rezept wird zuerst der Tofu für mindestens 1 Stunde gepresst, damit möglichst viel Flüssigkeit austritt. Wickle ihn dafür einfach in ein sauberes Küchentuch oder -papier und stelle einen schweren Gegenstand, z.B. eine Pfanne oder einen Topf, darauf. (Ich muss aber ehrlich zugeben, dass ich diesen Schritt auch manchmal überspringe … aber psst!)

2 Den Reis mit 2 Tassen Wasser und ½ Teelöffel Salz in einem Topf aufkochen. Bei mittlerer Hitze abgedeckt 30 Minuten köcheln lassen. Dann den Topf vom Herd ziehen.

3 Den Tofu in gleich große Würfel schneiden. In Stärke und Mehl wenden (oder alles in einer Brotdose gut durchschütteln) und in einer Pfanne im heißen Öl von allen Seiten hellbraun und knusprig braten. Dann herausnehmen und kurz zur Seite stellen. Die Pfanne nicht ausspülen, sie wird gleich noch einmal verwendet.

4 Den Brokkoli waschen und in kleine Röschen teilen, den Stiel schälen und in Würfel schneiden. In einem Topf mit wenig Wasser und dem restlichen Salz aufkochen. Abgedeckt ca. 5 Minuten köcheln lassen, bis der Brokkoli gar ist, aber noch ein bisschen Biss hat.

5 Für die Soße den Ketchup mit dem Reissirup, Gochujang und Knoblauchpulver in einem Topf unter Rühren 1–2 Minuten einkochen lassen.

6 Die Tofu-Pfanne mit dem verbliebenen Bratöl erneut erhitzen. Den Tofu ein zweites Mal darin braten, bis er goldbraun ist. Das doppelte Anbraten macht ihn extraknusprig. Dann den Tofu aus der Pfanne nehmen und in der Soße wenden. Den Brokkoli abgießen und in einer Schüssel mit Sesamöl und Sesam mischen. Wenn du magst, kannst du ihn auch noch mal mit ein bisschen Salz abschmecken. Verteile Tofu, Reis und Sesam-Brokkoli in Bowls oder auf Teller und genieße es!

Vegane Wodka-Pasta

MIT CHILIFLOCKEN

ZUTATEN
Für 2 Portionen
ca. 25 Minuten

- 250 g Pasta (z.B. Rigatoni oder Fusilli)
- 1 TL Salz
- 1 Schalotte
- 2–3 Knoblauchzehen
- 3 EL Olivenöl
- 1 TL Chiliflocken
- 4 EL Tomatenmark
- 4 EL Wodka
- 100 ml vegane Sahne*
- 1 EL Margarine
- 2 Prisen frisch gemahlener schwarzer Pfeffer

Dieses Rezept ist zu einem meiner absoluten Lieblingsessen geworden. So simpel, so schnell und verdammt lecker! Ich habe mich von einem Rezept, das Gigi Hadid in ihrer Instagram Story gepostet hat, inspirieren lassen und eine vegane Version gezaubert. Der Wodka in diesem Rezept sorgt aber nicht für eine bessere Stimmung beim Essen, sondern bringt das Aroma des Gerichts (ähnlich wie bei Rezepten mit Weiß- oder Rotwein) noch besser zu Geltung! Und der meiste Alkohol verkocht sowieso, also keine Angst. Natürlich kannst du das Rezept aber auch ohne den Wodka machen.

1 Bringe für deine Pasta Wasser mit einer guten Portion Salz zum Kochen und gib dann die Pasta dazu. Koche sie aber nicht ganz fertig, siehe Schritt 5.

2 In der Zwischenzeit kannst du die Schalotte und den Knoblauch schälen und klein schneiden. Erhitze Olivenöl in einer Pfanne und dünste darin die Schalotte, den Knoblauch und die Chiliflocken bei mittlerer Hitze für 2–3 Minuten an.

3 Rühre dann erst das Tomatenmark hinzu und dann den Wodka. Mische alles gut durch und lasse es 1 Minute aufkochen, bis ein großer Teil der Flüssigkeit verdampft ist.

4 Nimm vom Pastawasser mit einer Tasse 50 ml ab und gieße es zusammen mit der Sahne in die Pfanne. Lass die Soße nun ca. 5 Minuten auf mittlerer Hitze köcheln.

5 Gieße deine Pasta etwa 2 Minuten, bevor sie al dente ist, ab, gib sie zur Soße und lasse sie in der Soße fertig kochen. Im letzten Schritt die Margarine unterrühren, schmelzen lassen und alles mit Pfeffer und Salz abschmecken – fertig!

TIPP:

*Vegane Sahne kannst du auch ganz leicht selbst machen: Für 100 ml brauchst du 25 g Haferflocken, ½ EL neutrales Pflanzenöl (z.B. Rapsöl oder Sonnenblumenöl) und 1 Prise Salz:
Koche zuerst 150 ml Wasser auf. Gib dann die Hälfte des Wassers zusammen mit den Haferflocken in einen Mixer und lasse die Mischung 5 Minuten quellen. Gib dann den Rest des Wassers mit dem Öl und dem Salz dazu und mixe alles auf mittlerer Stufe 3 Minuten cremig. Jetzt nur noch 10 Minuten quellen lassen und die Flüssigkeit durch einen Nussmilchbeutel drücken. Fertig!

Du kannst natürlich auch direkt mehr zubereiten und den Rest einem sauberen, fest verschließbaren Glas aufbewahren! Im Kühlschrank hält sich die Sahne etwa 3 Tage.

Bunte Salat-Wraps

MIT SPROSSEN

ZUTATEN

Für 2 Portionen

25 Minuten

- 1 kleines Glas Kichererbsen (Abtropfgewicht ca. 150 g)
- 100 g Tofu
- 2 EL Sojasoße
- 1 EL Reisessig
- 1 EL geröstetes Sesamöl
- 1 TL Ahornsirup
- 1 Prise Cayennepfeffer
- 2 Prisen frisch gemahlener schwarzer Pfeffer
- 1 Avocado
- ½ Zitrone
- ½ Salatgurke
- 1 kleiner, rotschaliger Apfel
- 2 EL Sprossen (z.B. Linsen, Alfalfa, Brokkoli, Rucola oder auch Gartenkresse)
- 1 Salatkopf mit großen Blättern
- Sriracha-Soße (wer mag)

Wer Salat mal anders essen mag und Lust auf was Leichtes und Frisches zwischendurch hat, der sollte diese Salat-Wraps ausprobieren! Was ich so gern daran mag: Man kann sie im Prinzip mit allem füllen, was man noch so übrig hat. Weitere Ideen sind z.B. Reis, Coucous, Quinoa, Tomaten, Mais, veganer Frischkäse, Mango oder Kimchi.

1 Für die Füllung die Kichererbsen in ein Sieb geben, abspülen und abtropfen lassen. Den Tofu klein würfeln und zusammen mit den Kichererbsen, der Sojasoße, dem Reisessig, Sesamöl, Ahornsirup, Cayennepfeffer und Pfeffer mischen.

2 Die Avocado halbieren, den Stein mit einem Messer anschlagen und herausdrehen. Das Fruchtfleisch mit einem Esslöffel aus den Schalen heben und in Scheiben schneiden. Die Zitrone auspressen und den Saft darüberträufeln.

3 Die Gurke und den Apfel waschen, den Apfel vierteln, entkernen und beides in Streifen schneiden. Die Sprossen ebenfalls waschen und trocken tupfen. Den Salat in Blätter teilen, waschen und gut abtropfen lassen.

4 Die Salatblätter mit Avocado, Apfel, Gurke, Tofu-Kichererbsen-Mischung und Sprossen belegen. Wenn du magst, ein paar Tropfen Sriracha-Soße daraufgeben und jedes Salatblatt behutsam aufwickeln.

FÜR EINE VARIANTE:

Wer mag, bereitet die Avocado als Dip zu: Dafür einfach das Avocado-Fruchtfleisch mit einer Gabel zu einer Creme drücken und mit etwas veganem Joghurt verrühren. Mit Salz und Pfeffer abschmecken.

TIPP:
Für Salat-Wraps kannst du fast jeden Salat mit größeren, biegsamen Blättern verwenden. Kopfsalat und große Radicchioköpfe lassen sich toll wickeln. Chicorée oder Romana-Salatherzen nehme ich einfach als Schiffchen, die ich dann fülle, ohne sie zu wickeln.

Sommerrollen

MIT ERDNUSS-SOSSE

ZUTATEN

Für 2 Portionen (ca. 8 Rollen)

ca. 45 Minuten

FÜR DIE SOMMERROLLEN:

- 150 g Tofu
- 4 EL Speisestärke
- ½ TL Salz
- ½ Eisbergsalat
- 24 Cherrytomaten
- ½ Paprikaschote (deine Lieblingsfarbe)
- ¼ Gurke
- 50 g Pilze (z.B. Kräuterseitlinge oder Champignons)
- ½ Avocado
- 70 g Reisnudeln
- ca. 8 Stück Reispapier

Ich weiß, ich weiß! Dieses Rezept kennst du schon von mir – aber wie könnte eines meiner absoluten Lieblingsessen nicht in mein erstes Kochbuch? Sommerrollen sind für mich einfach das perfekte Essen. Sie machen satt, sind knackig und frisch und dann noch die leckere Soße ... Es ist ein wenig wie Salat, aber ungefähr tausendmal besser! Und was ich auch daran mag: In den Sommerrollen kann man perfekt Lebensmittelreste verwerten! Ich zeige dir hier mein Standardrezept, das ich am liebsten mag.

1 Wickle deinen Tofu in Küchenpapier oder in ein Küchentuch und presse ihn etwas aus, damit möglichst viel Flüssigkeit austritt. (Du weißt schon: Den Schritt kann man sich sparen, wenn man mal keine Lust hat. Der Tofu wird so jedoch knuspriger!) Anschließend in fingerdicke Streifen schneiden.

2 Die Speisestärke und das Salz in einer Schale mischen und jeden Tofustreifen darin wälzen, bis er rundherum mit etwas Speisestärke bedeckt ist.

3 Erhitze reichlich Öl in einer Pfanne und brate den Tofu von allen Seiten goldbraun. Nimm ihn heraus und lasse ihn auf Küchenkrepp ein wenig abtropfen.

4 Bereite jetzt dein Gemüse vor: Wasche den Salat, die Cherrytomaten, die Paprikaschote und die Gurke, tupfe alles trocken und schneide es in so feine Streifen wie möglich. Damit die Pilze nicht zu viel Feuchtigkeit aufnehmen, reibe ich sie nur trocken ab und schneide dann auch sie, genauso wie das Avocado-Fruchtfleisch, in ganz feine Streifen. Ist alles richtig klein geschnitten, kann man zum Schluss von allem ein wenig in seine Rolle füllen! ►

FÜR DIE SOSSE:

- ½ Limette
- 3 EL Erdnussmus
- 1 ½ EL Sojasoße
- 1 TL Hoisinsoße
- 1 Prise Knoblauchpulver (oder 1 klein gehackte Knoblauchzehe)

AUSSERDEM:

- neutrales Pflanzenöl zum Braten (z.B. Sonnenblumenöl oder Rapsöl)

5 Bereite die Reisnudeln (ich mag die dicken Reisnudeln am liebsten) nach Packungsanleitung zu.

6 Wenn alles vorbereitet ist, fülle lauwarmes Wasser in eine Pfanne und lege ein Blatt Reispapier für einige Sekunden hinein. Herausholen und auf einen Teller legen. (Nicht wundern, es wird von selbst weich werden!)

7 Die untere Hälfte mit deiner Füllung belegen und dabei zu den Rändern jeweils etwas Platz lassen. Nun von unten das Reispapier einmal über deine Füllung legen, die Seiten rechts und links zur Mitte hin einklappen und dann einfach fest von unten nach oben einrollen. Übung macht den Meister!

8 Für die Soße die Limette auspressen und mit allen anderen Zutaten cremig rühren. Sommerrollen eintunken und genießen!

TIPP:
Bei der Füllung kannst du immer wieder etwas Neues ausprobieren. Lecker sind zum Beispiel auch Mangostreifen, Nüsse, frische Kräuter wie Koriander- oder Minzeblätter, Edamame und statt der Reisnudeln Quinoa oder Reis. Für Tipps zum Rollen kannst du dir mein Video zu Sommerrollen ansehen!

Couscous-Salat

MIT PINIENKERNEN

ZUTATEN

Für 3–4 Portionen

ca. 20 Minuten

Ziehen: ca. 1 Stunde

- 1 Zwiebel
- 1 Knoblauchzehe
- 6 EL Olivenöl
- 2–3 EL Tomatenmark
- 1 TL edelsüßes Paprikapulver
- 1 TL gemahlener Kreuzkümmel
- 250 g Couscous
- 1 TL Salz
- 250 g Kirschtomaten
- ½ Gurke
- 1 großes Bund glatte Petersilie
- ½ TL Cayennepfeffer (wer mag)
- 2 EL Pinienkerne (oder Sonnenblumenkerne)

Ein Gericht, das ich immer mache, wenn ich Lust auf was Frisches habe oder wenn es schnell gehen muss. Auch perfekt für Leute, die von »normalem« Salat schnell gelangweilt sind. Ich liebe es einfach!

1 Die Zwiebel und den Knoblauch schälen und klein würfeln. Das Olivenöl erhitzen und darin die Zwiebel, den Knoblauch und das Tomatenmark zusammen mit Paprikapulver und Kreuzkümmel ca. 5 Minuten anschwitzen.

2 Den Couscous mit dem Salz in eine Schüssel geben und 250 ml Wasser aufkochen. Das Wasser zusammen mit der heißen Zwiebelmischung zum Couscous geben. Alles verrühren und abgedeckt 5 Minuten ziehen lassen.

3 Die Kirschtomaten waschen, trocknen und halbieren oder vierteln, die Gurke waschen und eine Hälfte in kleine Würfel schneiden. Die Petersilie waschen, trocken schütteln und mitsamt den dünnen Stielen fein hacken.

4 Das Couscous mit einer Gabel etwas auflockern, dann Tomaten, Gurke und Petersilie darunterheben und den Salat mindestens 1 Stunde ziehen lassen.

5 Vor dem Servieren schmeckst du den Salat nochmal mit Salz, Pfeffer und Cayennepfeffer ab. (Wenn du es nicht gerne scharf magst, lässt du den Cayennepfeffer einfach weg.) Zum Schluss die Pinienkerne (oder Sonnenblumenkerne) in einer Pfanne anrösten und über den Salat streuen!

TIPP:
Du kannst natürlich Zutaten hinzufügen oder weglassen, je nach Geschmack. Lecker sind in dem Salat auch Avocadowürfel, Mais oder Kichererbsen aus dem Glas, klein gehackte Nüsse oder klein geschnittene, getrocknete Tomaten. Wenn du Lust auf etwas mehr Frische hast, kannst du 1–2 EL Zitronensaft unter den Salat rühren. Das passt besonders gut zur Petersilie!

REFLEXION

Der perfekte Salat: Was muss alles rein?

....

....

Food Diary

Abendessen

Alle kennen es: Das gute alte Abendbrot.
Und ja, es schmeckt fantastisch, aber manchmal darf es eben auch etwas mehr als eine Scheibe Brot sein! Wenn du Lust auf einen Kochabend mit deinen Liebsten hast, oder dir ganz allein eine ordentliche Mahlzeit gönnen magst, dann findest du hier die passenden Rezepte. Easy-peasy, aufwendig oder sogar etwas exotisch im ersten Moment – hier findest du alles und kannst dich einfach mal ausprobieren!

S

Bei uns gab es das gute alte Abendbrot früher immer um Punkt 18 Uhr. Währenddessen einmal schön stoßlüften. Besonders im Winter ganz toll. Wenn es mal nicht die klassische Scheibe Brot sein soll, habe ich hier einige Rezepte, die sicher eine tolle Abwechslung sind. Von einem saftigen Pulled Jackfruit Burger bis zu einer veganen Lasagne findest du hier alles für das perfekte Dinner!

Reflexion: Abendessen und ich

1 Soulfood: Welche deftigen und warmen Gerichte koche ich am liebsten zum Abendessen?

2 Das Essen welcher Länder interessiert mich am meisten? Welche Gerichte stehen hier auf meiner persönlichen Must-Try-Liste?

3 Kochabend mit den Liebsten: Plane ein Drei-Gänge-Menü mit passenden Drinks, musikalischer Begleitung, Tischdeko und mehr! Hier ist Platz für deine Notizen:

4 Die besten Cocktails und Drinks zum Abendessen:

5 Meine Lieblingsrestaurants für ein fancy vegan Dinner:

6 Meine Dinner-Playlist:

7 Abendessen muss nicht immer am schön gedeckten Tisch stattfinden. Wie wäre es mit einem Dinner im Auto, in der Badewanne oder auf dem Fußboden? Hier ist Platz für eine Bucket List für Abendessen mal anders:

8 Diese Gemüsesorten dürfen in keinem Rezept fehlen:

Spinat-Cannelloni

MIT VEGANEM FRISCHKÄSE

ZUTATEN

Für 3 Portionen

ca. 30 Minuten

Backen: ca. 30 Minuten

FÜR DIE SPINAT-SOSSE:

- 400 g gehackter TK-Spinat
- 5 Knoblauchzehen
- 2 Zwiebeln
- 4 EL Olivenöl
- 150 g veganer Frischkäse
- 3 EL Hefeflocken
- 100 ml Haferdrink
- ½ TL Salz
- 2 Prisen weißer Pfeffer
- 2 Prisen frisch geriebene Muskatnuss

FÜR DIE TOMATEN-MISCHUNG:

- 400 g passierte oder stückige Tomaten
- 1 TL getrockneter Oregano
- 1 TL getrocknetes Basilikum
- ½ TL Salz
- 1 Prise frisch gemahlener schwarzer Pfeffer
- 1 TL Agavendicksaft

Mochtest du als Kind Spinat? Ich habe immer das Gefühl, dass ich das Kind war, das all die Dinge, die andere Kinder ekelig fanden, liebend gern gegessen hat! Darunter z.B. auch Spinat. Ich habe auch schon immer supergern Spinatpizza gegessen und wenn es Rahmspinat mit Kartoffeln gab, war ich ganz vorn mit dabei.
Hier zeige ich dir ein supereinfaches Rezept für gefüllte Cannelloni. Schmeckt immer und man kann damit eigentlich nichts falsch machen! Wenn du die langen Cannelloni nicht findest, kannst du auch kürzere Pasta nehmen, die zum Füllen geeignet ist, oder du nimmst Lasagneplatten. Weiche die dann kurz in heißem Wasser ein, damit du sie zusammenrollen kannst.

1 Gib den tiefgekühlten Spinat in einen Topf und erwärme ihn langsam. Rühre dabei immer mal wieder um. In der Zwischenzeit kannst du schon den Knoblauch und die Zwiebeln schälen und klein schneiden.

2 Das Olivenöl auf niedriger Stufe erhitzen und die Zwiebeln mit dem Knoblauch darin etwa 7 Minuten sanft andünsten.

3 Wenn der Spinat größtenteils aufgetaut und erwärmt wurde, den Frischkäse, die Hefeflocken und den Haferdrink dazugeben und mit Salz, Pfeffer und Muskat würzen. Schmecke ab und nimm, wenn du magst, auch etwas mehr Salz und Pfeffer. Wenn Knoblauch und Zwiebeln ihr Aroma gut entfalten konnten, gib die Hälfte davon zusammen mit einem Teil des Öls zum Spinat.

4 Verrühre in einer Schüssel die Tomaten mit Oregano, Basilikum, sowie Salz und Pfeffer. Rühre den Agavendicksaft dazu und die restliche Zwiebel-Knoblauch-Mischung aus der Pfanne.

TIPP:
Wenn du die Cannelloni mit einem Löffel befüllst, stelle sie senkrecht in die Auflaufform und gebe immer eine kleine Menge Füllung hinein, sodass sie zunächst durchrutschen kann, bevor die nächste Ladung Füllung kommt!

AUSSERDEM:

- 2 TL Olivenöl zum Einfetten
- 10–12 Cannelloni
- 100 g veganer Käse

5 Heize den Backofen auf 180 °C Ober-/Unterhitze vor und fette eine Auflaufform mit etwas Olivenöl ein.

6 Verteile auf dem Boden der Form etwas Tomatensoße. Fülle dann die Cannelloni mit der Spinat-Füllung. Das kannst du entweder mit einem Teelöffel machen oder mit einem Spritzbeutel. Verteile die Cannelloni auf der Tomatensoße und schichte nun je nach Größe deiner Form abwechselnd so weiter, bis die Tomatensoße und die Cannelloni aufgebraucht sind. Zum Schluss nur noch den veganen Käse über die Cannelloni streuen. Schiebe die Form in den heißen Ofen und backe deine Cannelloni für ca. 30 Minuten, bis die Oberfläche goldbraun ist.

15 Minuten-Nudelauflauf

AUS DER PFANNE

ZUTATEN

Für 2 Portionen

ca. 30 Minuten

- 250 g Pasta
- 1 Zwiebel
- 2 Knoblauchzehen
- 10 Cherrytomaten
- 1 kleiner Brokkoli
- 2 EL Olivenöl
- 400 g stückige Tomaten aus der Dose
- 1 TL Salz
- ½ TL frisch gemahlener schwarzer Pfeffer
- 1 TL italienische Kräuter
- 2 Handvoll veganer Reibekäse
- 1 Stängel Basilikum

Eines meiner absoluten Lieblingsgerichte! Der Auflauf geht so schnell und einfach, ganz nebenbei schmeckt er auch noch unheimlich gut und mit etwas geschmolzenem veganem Käse wird er extralecker. Du kannst ihn mit praktisch jedem Gemüse zubereiten, ich mag am liebsten Brokkoli, Pilze oder Zucchini. Hier zeige ich dir die Brokkoli-Version, aber fühl dich frei!

1 Koche zuerst die Pasta nach Packungsanweisung. Gieße die Nudeln aber 2 Minuten, bevor sie al dente sind, in ein Sieb und schöpfe vorher mit einer Tasse noch 50 ml Pastawasser aus dem Topf.

2 Zwiebel und Knoblauch schälen und fein hacken. Die Tomaten waschen und klein schneiden. Den Brokkoli ebenfalls waschen, den Stiel schälen und alles klein schneiden.

3 Erhitze das Olivenöl in einer großen Pfanne und dünste auf niedriger bis mittlerer Stufe zuerst die Zwiebel und den Knoblauch darin an. Gib nach ca. 2 Minuten die Tomaten hinzu. Rühre dann die stückigen Tomaten hinein und koche alles auf.

4 Jetzt kommt der Brokkoli in die Pfanne. Würze die Mischung mit Salz, Pfeffer und italienischen Kräutern und gieße auch das Pastawasser hinzu. Deckel aufsetzen und alles ca. 5 Minuten leicht köcheln lassen.

5 Nun die Pasta dazugeben, alles gut vermengen, den Reibekäse großzügig darüber verteilen, den Deckel wieder schließen und alles so lange weiterköcheln lassen, bis die Pasta al dente und der Käse geschmolzen ist. Mit Basilikumblättern garnieren und servieren. Enjoy!

REFLEXION

Dinner mit meinen Liebsten: Was koche ich?

....

....

Vegan Pad Thai

MIT SPROSSEN

ZUTATEN

Für 2 Portionen

ca. 30 Minuten

- 100 g Reisbandnudeln
- 1 Karotte
- 1 Knoblauchzehe
- 1 rote Chilischote
- 3 Frühlingszwiebeln
- 1 Handvoll Mungobohnensprossen (oder deine Lieblingssorte)
- 100 g Tofu (wer mag)
- 2 EL geröstetes Sesamöl
- 100 ml Gemüsebrühe
- 4 EL Sojasoße
- 2 TL Tamarindenpaste
- 2 EL Reisessig
- 2 EL frisch ausgepresster Limettensaft
- 2 EL Ahornsirup (oder brauner Zucker, Agavendick o.Ä.)
- 1 EL gehackte Erdnüsse (oder auch Sesamsamen, gehackte Cashewkerne oder Macadamianüsse)

AUSSERDEM:

- 1 Limette zum Servieren

Als ich 2015 in Thailand war, war Pad Thai auf jeden Fall mein Go-to-Gericht! Es ist so unfassbar lecker. Wer schon mal original thailändisches Pad Thai probiert hat, weiß, was ich meine. Mit diesem Rezept wollte ich eine vegane Version kreieren, die mich in Erinnerungen schwelgen lässt. Natürlich ist es nicht original thailändisch, aber dennoch unfassbar lecker. Hier sind Vorbereitung und Schnelligkeit das Wichtigste, denn im Prinzip muss man alles kurz im Wok zusammenbringen, damit das Pad Thai so frisch wie möglich serviert werden kann. Wenn du keinen Wok hast, kannst du natürlich auch eine Pfanne nehmen.

1 Die Reisbandnudeln nach Packungsangabe garen. Anschließend in ein Sieb abgießen und kurz kalt abschrecken.

2 Die Karotte schälen und in dünne Scheiben schneiden oder hobeln. Den Knoblauch schälen und klein schneiden, die Chilischote waschen, entkernen und ebenfalls klein schneiden. Die Frühlingszwiebeln waschen, putzen und in Ringe schneiden. Die Sprossen waschen und abtropfen lassen. Den Tofu trocken tupfen oder zwischen zwei Schneidebrettern und etwas Küchenpapier trocken pressen und würfeln.

3 Das Sesamöl in einem Wok erhitzen und den Tofu darin 3 Minuten anbraten. Er sollte besonders knusprig sein. Karotten, Chili und Knoblauch dazugeben und alles weitere 3 Minuten unter Rühren braten. Die Reisnudeln zugeben und unterheben. Die Brühe mit Sojasoße, Tamarindenpaste, Reisessig, Limettensaft und Ahornsirup verrühren und zusammen mit den Frühlingszwiebeln und einem Teil der Sprossen zum Gemüse geben. Jetzt alles nur noch kurz erhitzen und dann auf Teller verteilen.

4 Bestreue das Pad Thai mit den gehackten Erdnüssen und den restlichen Sprossen und serviere es mit der in Spalten geschnittenen Limette.

Chili sin Carne

MIT LINSEN

ZUTATEN

Für 4 Personen

ca. 25 Minuten

Kochen: ca. 30–40 Minuten

- 2 Zwiebeln
- 1 Knoblauchzehe
- 2 Karotten
- ¼ Sellerieknolle
- 2 EL Olivenöl
- 2 TL Chiliflocken
- 3 EL Tomatenmark
- 1 TL brauner Zucker
- 200 g Berglinsen (oder andere Linsen, siehe Tipp)
- 400 g stückige Tomaten aus der Dose
- 1 TL Salz
- 1 Lorbeerblatt
- 300 ml Gemüsebrühe
- 1 Glas Kidneybohnen (Abtropfgewicht 160 g)
- 1 kleines Glas Mais (Abtropfgewicht 85 g)
- 2 Prisen frisch gemahlener schwarzer Pfeffer
- 1 kleines Bund Schnittlauch

AUSSERDEM:

- 100 g vegane Crème fraîche oder veganer Joghurt (wer mag)

Ich bin ein riesiger Fan von Chili sin Carne. Es ist so einfach zubereitet und schmeckt am nächsten Tag fast sogar noch besser. Einfach alles rein in den Topf, fertig! Dabei kann man fast schon den Kopf ausschalten, so simpel ist die Zubereitung! Dieses Rezept ist übrigens auch perfekt zum »Meal Preppen«!

1 Die Zwiebeln und den Knoblauch schälen und klein würfeln. Die Karotten und den Sellerie schälen und in kleine Würfel schneiden.

2 Das Olivenöl in einem Topf erhitzen und die klein geschnittenen Zutaten mit den Chiliflocken darin anschwitzen. Das Tomatenmark und den Zucker dazugeben und alles unter Rühren 2–3 Minuten anbraten.

3 Die Linsen in den Topf geben und kurz mitbraten, dann die stückigen Tomaten, das Salz, das Lorbeerblatt und die Gemüsebrühe dazugeben. Alles zum Kochen bringen und das Chili ca. 30 Minuten auf kleiner Hitze abgedeckt köcheln lassen.

4 Die Bohnen und den Mais in ein Sieb abgießen, abspülen und abtropfen lassen. Mit dem Pfeffer zu den Linsen geben und noch 5 Minuten mitkochen.

5 Jetzt nur noch den Schnittlauch waschen und klein schneiden. Schmecke das Chili noch mal mit Salz, Pfeffer und Chili würzig ab, verteile es auf Schalen und streue den Schnittlauch darüber. Wenn du magst, kannst du alles noch mit einem Klecks veganer Crème fraîche oder veganem Joghurt toppen.

TIPP:

Für vegane Sugos und Chilis eignen sich am besten kleine, feste Linsensorten, wie zum Beispiel die grünen Puy-Linsen, Berglinsen, braune Linsen oder die schwarzen Beluga-Linsen. Sie bleiben besser bissfest und behalten länger ihre Form. Rote und gelbe Linsen zerkochen schneller. Achte beim Kochen darauf, dass dein Chili nicht sprudelnd kocht. Dann zerfallen im Prinzip alle Linsen und dein Chili wird breiig.

Pizza

MIT BROKKOLI-BODEN

ZUTATEN

Für 2 Pizzen à 35 cm Ø

ca. 30 Minuten

Backen: ca. 25 Minuten

FÜR DEN TEIG:

- 400 g Brokkoli
- 2 TL Salz
- 350 g Weizenmehl Type 405 (oder Dinkelmehl Type 630)
- 1 Packung Trockenhefe

FÜR DEN BELAG:

- 4 Champignons
- 2 rote Zwiebeln
- 1 kleine Zucchini
- 100 g in Öl eingelegte getrocknete Tomaten
- 200 ml Pizzasoße
- 200 g veganer Reibekäse

AUSSERDEM:

- Backmatte oder Backpapier
- evtl. zusätzliches Mehl zum Ausrollen

Diese Pizza geht superschnell und ganz nebenbei isst man damit automatisch eine große Gemüseportion mehr. Statt des gekochten Brokkolis kannst du auch 350 g Süßkartoffeln nehmen. Die musst du nicht kochen, sondern einfach nur schälen und fein raspeln oder zu Brei pürieren. Das Rezept hat mir mal ein netter Zuschauer geschickt – ich habe es sogar auf YouTube gepostet.

1 Den Brokkoli waschen, putzen und in Röschen teilen. Den Stiel schälen. 500 ml Wasser aufkochen, 1 TL Salz und den Brokkoli hineingeben und ca. 8 Minuten gar köcheln lassen. In ein Sieb abgießen, mit kaltem Wasser abschrecken und abtropfen lassen.

2 Den Backofen auf 210 °C Umluft vorheizen. Zwei Backbleche mit Backmatten oder Backpapier belegen.

3 Die Champignons feucht abreiben, putzen und in Scheiben schneiden. Die Zwiebeln schälen und in dünne Ringe schneiden. Die Zucchini waschen, putzen und in dünne Scheiben schneiden. Die getrockneten Tomaten trocken tupfen und in Streifen schneiden.

4 Den Brokkoli mit dem Stabmixer pürieren, dann in eine Schüssel umfüllen. Das Mehl mit der Trockenhefe und dem restlichen Salz verrühren und zum Brokkoli geben. Jetzt ist Handarbeit gefragt: Knete mit den Händen alles zu einem festen Teig und lass dir dabei ruhig Zeit – das tut dem Teig gut und er wird elastischer. Falls der Teig klebrig ist, streue einfach noch etwas Mehl hinzu.

TIPP:
Du kannst den Brokkoli nicht nur durch Süßkartoffel ersetzen, sondern auch durch viele andere Gemüsesorten: Roh kannst du zum Beispiel geriebene Möhren oder Zucchini in den Teig geben, gekocht schmecken auch Kürbis oder Pastinake super. Probiere einfach aus, was dir schmeckt und was gerade Saison hat.

5 Halbiere den Teig und forme ihn zu zwei Kugeln. Rolle jede Kugel mit einem mit Mehl bestäubten Nudelholz auf einem der Bleche dünn aus. Verteile nun die Pizzasoße darauf, den Käse und anschließend die restlichen Zutaten für den Belag.

6 Backe die Pizzen nacheinander auf der mittleren Schiene ca. 20 Minuten, bis der Teig knusprig ist und der Käse goldgelb geschmolzen.

Vegane Lasagne

NAH AM ORIGINAL

ZUTATEN

Für 4–5 Portionen

ca. 45 Minuten

Backen: ca. 50 Minuten

- 1 rote Zwiebel
- 2 Knoblauchzehen
- 2 Karotten
- 2 Stangen Sellerie
- 1 Zucchini
- 2 EL Olivenöl
- 200 g veganes Mett (z.B. Sojahack oder zerbröselter Tofu)
- 400 g passierte Tomaten aus der Dose
- 400 g stückige Tomaten aus der Dose
- 3 EL Tomatenmark
- ½ TL Salz
- 2 Prisen frisch gemahlener schwarzer Pfeffer
- 1 TL getrocknete italienische Kräuter
- 100 g geriebener veganer Käse
- 10–12 Lasagneplatten

Lasagne ist eines meiner liebsten Gerichte und für mich irgendwie auch immer noch etwas sehr Besonderes. Bei uns gab es das früher nämlich nicht oft. Mich erinnert es immer an die Zeit, als ich noch zu Hause gelebt und jeden Samstag für die Family gekocht habe. Lasagne war eine meiner Spezialitäten und zur Hilfe hatte ich ein altes Familienkochbuch. Daran ist das Rezept orientiert und es ist wirklich sehr, sehr lecker!
PS: Die übrig gebliebene Lasagne am nächsten Tag zu essen, ist mein Highlight!

1 Zuerst das Gemüse vorbereiten. Schäle dafür Zwiebel und Knoblauch und schneide beides klein. Die Karotten schälen und klein würfeln. Die Selleriestangen und die Zucchini waschen und ebenfalls klein würfeln.

2 Das Olivenöl in einer Pfanne erhitzen und die Zwiebel und den Knoblauch darin ca. 3 Minuten andünsten. Die Karotten mit Sellerie und Zucchini hinzugeben und alles weitere 3 Minuten andünsten.

3 Gib jetzt das vegane Mett dazu und brate alles etwa 3 weitere Minuten an. Dann die passierten und stückigen Tomaten sowie das Tomatenmark dazugeben. Mit Salz, Pfeffer und den italienischen Kräutern würzen und mit geschlossenem Deckel ca. 15 Minuten auf kleiner Stufe köcheln lassen.

4 Jetzt kannst du schon einmal den Ofen auf 200 °C Ober-/Unterhitze vorheizen und eine Auflaufform mit Olivenöl einfetten.

FÜR DIE BÉCHAMELSOSSE:

- 50 g vegane Margarine
- 50 g Weizenmehl Type 405
- 500 ml Pflanzendrink (z. B. Haferdrink)
- 2 Prisen frisch geriebene Muskatnuss
- 1 TL Hefeflocken (wer mag)
- ½ TL Salz
- 2 Prisen frisch gemahlener schwarzer Pfeffer

AUSSERDEM:

- 1 EL Olivenöl für die Auflaufform

5 Für die Béchamelsoße die Margarine in einem Topf auf niedriger Stufe schmelzen. Dann nach und nach das Mehl dazugeben und dabei durchgehend mit einem Schneebesen rühren. Margarine und Mehl so lange anschwitzen, bis ein nussiger Geruch entsteht. Achte darauf, dass du alles bei niedriger Hitze machst, damit nichts verbrennt. Gieße jetzt nach und nach den Drink dazu und verrühre ihn jeweils gut mit der Mehlschwitze, damit keine Klumpen entstehen. Wenn der ganze Drink im Topf ist, lasse alles auf mittlerer Stufe einmal aufkochen. Ziehe dann den Topf vom Herd und würze die Soße mit Muskat, Hefeflocken, Salz und Pfeffer.

6 Schichte die Tomatensoße, die Nudeln, die Béchamelsoße und den geriebenen Käse abwechselnd in deine gefettete Form. Beginne mit etwas Tomatensoße. Die letzten beiden Schichten sollten Béchamelsoße und geriebener Käse sein.

7 Schiebe die Lasagne nun für ca. 50 Minuten in den Ofen. Falls die Oberfläche zu dunkel werden sollte, decke sie mit Alufolie ab.

Gefüllte Paprika

MIT ROSINEN

ZUTATEN

Für 4 Portionen

ca. 30 Minuten

Kochen: ca. 30 Minuten

Backen: ca. 30 Minuten

- 150 g Vollkornreis
- 1 TL Salz
- 4 EL Olivenöl
- 4 Paprikaschoten (deine Lieblingsfarben)
- 1 kleine Zucchini
- 250 g Champignons
- 5 EL Tomatenmark
- 2 TL italienische Kräuter
- 300 g stückige Tomaten
- 2 Handvoll Rosinen
- 100 g veganer Käse zum Überbacken

Als ich ein Kind war, hat mein Papa oft gefüllte Paprika gemacht und für mich war das aus irgendeinem Grund immer ein richtig besonderes Gericht. Ich weiß nicht genau, worin meine Faszination dafür lag, aber sie war da! Mittlerweile weiß ich, dass gefüllte Paprika auch ganz schnell selbst zu machen sind, und das in wenigen, einfachen Schritten! Für mich steht fest: Gefüllte Paprika gehen einfach immer und sind superlecker. Wer keine Rosinen mag, kann diese natürlich weglassen (und zum Beispiel durch gehobelte Mandeln ersetzen). Ich persönlich finde aber, dass Rosinen das Essen nochmal um einiges leckerer machen.

1 Den Reis in einem Sieb waschen. Mit 300 ml Wasser und 1 Prise Salz ca. 30 Minuten abgedeckt köcheln lassen. Dann kannst du den Topf vom Herd ziehen.

2 In der Zwischenzeit den Backofen auf 200 °C Ober-/Unterhitze vorheizen und eine Auflaufform mit 1 Esslöffel Olivenöl einfetten. Die Paprikaschoten waschen und oben einen »Deckel« gerade abschneiden. Die Kerne vorsichtig entfernen und die Schoten kopfüber abtropfen lassen.

3 Die Zucchini waschen und würfeln. Die Champignons trocken abreiben und klein schneiden. 2 Esslöffel Olivenöl in einer Pfanne erhitzen und die Zucchini mit den Champignons darin 4 Minuten anschwitzen. 2 Esslöffel Tomatenmark, die Kräuter und die stückigen Tomaten dazugeben. Die Rosinen abspülen und zusammen mit dem Reis daruntermischen.

4 Würze die Füllung kräftig mit Salz und Pfeffer und fülle dann damit deine Paprikaschoten. Zum Schluss kannst du den Käse darüberstreuen und, wenn du magst, die Deckel wieder aufsetzen.

5 Für die Soße brätst du das Tomatenmark im restlichen Olivenöl an und rührst dann 250 ml Wasser darunter. Schmecke die Soße mit Salz und Pfeffer ab, gieße sie dann in die Auflaufform und setze die gefüllten Paprika hinein. Im vorgeheizten Backofen 30–35 Minuten garen und heiß servieren.

....

TIPPS:

Du kannst die Paprika auch längs halbieren und auf diese Art füllen. Ich mag die hohe Version aber persönlich lieber.

Anstelle der Paprika lassen sich auch Zucchini ganz einfach füllen. Dafür 6 kleine Zucchini längs halbieren, das Fruchtfleisch mit einem Löffel auskratzen, hacken und unter die Füllung mischen. Dann die Füllung auf die Zucchini verteilen.

Du kannst auch zusätzlich eine Paprika würfeln und zur Füllung geben oder auch Mais aus dem Glas. Mit Mais mag ich es besonders!

Veganes Regenbogen-Sushi

MIT »THUNFISCH«

ZUTATEN

Für 2 Portionen

ca. 45 Minuten

FÜR DEN SUSHI-REIS:

- 250 g Sushi-Reis
- 2,5 EL Reisessig
- ½ TL Salz
- 1 EL Zucker
- 1 TL Kurkumapulver
- 2 TL edelsüßes Paprikapulver
- 2 EL Rote-Bete-Saft
- 1 EL aufgetauter Tiefkühl-Spinat

FÜR DEN VEGANEN THUNFISCH:

- 1 Nori-Algenblatt
- 1 kleines Glas Kichererbsen (Abtropfgewicht 150 g)
- 1 Limette
- 1–2 EL Tahin (Sesampaste)
- 1 Prise Salz
- 1 Prise frisch gemahlener schwarzer Pfeffer

Wenn ich Sushi mache, nehme ich mir dafür Zeit. Das ist wie eine kleine Zeremonie. Die Zubereitung ist für mich fast schon etwas meditativ, was ich total schön finde. Diese Regenbogenvariante sieht besonders süß aus, aber natürlich funktioniert das Rezept auch genauso gut ohne das Färben.
Besonders viel Spaß macht es, Sushi mit Freunden zuzubereiten. Dabei vielleicht eigene Cocktails mixen, Musik anmachen und mal die Handys auf Flugmodus schalten! Ich mache mit Freunden an solchen Abenden übrigens gerne einen »Handystapel«. Da kommen alle Handys drauf und wer nicht widerstehen kann und zu seinem Handy greift, muss bezahlen oder zum Beispiel den Abwasch machen.

1 Den Sushireis in einer Schüssel in kaltem Wasser waschen. Dabei den Reis mehrmals umrühren und das Wasser zwei- bis dreimal wechseln, bis es fast klar bleibt.

2 Den Reis abgießen und mit 350 ml kaltem Wasser in einem Topf ansetzen. Auf niedrigster Stufe abgedeckt 10 Minuten erhitzen. Anschließend 10 Minuten bei hoher Temperatur kochen. Zuletzt vom Herd nehmen und 10 Minuten abgedeckt ziehen lassen.

3 Den Reisessig mit Salz und Zucker verrühren, bis sich der Zucker aufgelöst hat. Die Reisessig-Mischung in 4 Schalen verteilen und Kurkuma, Paprikapulver und Rote-Beete-Saft in jeweils eine Schale geben. Für den grünen Sushi-Reis den Spinat mit einem Schuss Wasser sehr fein pürieren. Die Flüssigkeit durch ein feines Sieb gießen und 1 Esslöffel des Spinatpürees in die vierte Schale mit Reisessig geben.

4 Den Sushi-Reis in vier Portionen teilen. Jede Portion in eine der Schalen mit gefärbtem Essig geben und damit vermengen, bis alles gleichmäßig gefärbt ist.

TIPP:
Den übrigen veganen Thunfisch kannst du zum Beispiel für ein Sandwich verwenden. Er ist im Kühlschrank 4–5 Tage haltbar.

AUSSERDEM:

- 10 cm Salatgurke
- ¼ Mango
- ¼ Avocado
- 2 Stück Nori-Algen
- Sojasoße und Wasabipaste zum Servieren

5 Für den veganen Thunfisch ein Nori-Algenblatt mit der Schere klein schneiden und im Blender fein mahlen. Anschließend in einer Schüssel mit den abgegossenen Kichererbsen, dem Saft der Limette, dem Tahin, etwas Salz und Pfeffer mischen und mit einer Gabel zerdrücken.

6 Die Gurke waschen und mit dem Sparschäler in dünne Streifen schneiden. Die Mango schälen und dünne Streifen abziehen. Die Avocado halbieren, den Stein entfernen und das Fruchtfleisch ebenfalls in dünne Scheiben schneiden.

7 Ein Nori-Algenblatt mit der rauen Seite nach oben auf eine Sushimatte legen. Die Hälfte des gefärbten Reises in 2–3 cm breiten Streifen (gelb, orange, rot und grün) darauf verteilen und andrücken. Entlang des grünen Streifens 2 cm Rand frei lassen. 2–3 Streifen Mango und Gurke längs auf dem gelben Reis auslegen. Von der gelben Seite aus alles fest aufrollen.

8 Das zweite Algenblatt ebenso mit dem übrigen Reis bedecken. 2–3 Streifen Avocado und etwas veganen Thunfisch darauf verteilen. Rolle auch dieses Blatt möglichst fest auf. Schneide jede Rolle mit einem scharfen Messer in je 6 Stücke und genieße dein Sushi mit Sojasoße und Wasabi.

Spicy Garlic Noodles

MIT SESAM

ZUTATEN

Für 2 Portionen

ca. 10 Minuten

- 200 g asiatische Nudeln (z.B. breite Reisnudeln)
- 4 Knoblauchzehen
- 1 EL Chiliflocken
- 5 EL neutrales Pflanzenöl (z.B. Sonnenblumenöl oder Rapsöl)
- 2 EL Sojasoße
- 1 EL Erdnussmus (wer mag)
- 2 EL Reisessig
- 1 EL Sesam

AUSSERDEM:

- Sesam zum Bestreuen

Dieses Gericht kann man wirklich zu 100 Prozent als »Comfort Food« bezeichnen. Es macht glücklich, ist in wenigen Schritten gezaubert und wird deinen Liebsten sicher auch ein Lächeln ins Gesicht zaubern!

1 Im ersten Schritt werden die Nudeln nach Packungsanleitung zubereitet. (Am unkompliziertesten sind die, die du einfach nur kurz im heißen Wasser ziehen lassen musst!)

2 Den Knoblauch schälen und klein schneiden. Zusammen mit den Chiliflocken und dem Öl in eine Pfanne geben und langsam auf mittlerer Stufe erhitzen. Unter Rühren ca. 5 Minuten andünsten, damit sich die Aromen entfalten können.

3 Verrühre alle anderen Zutaten in einer Schüssel und gieße anschließend das heiße Öl hinzu. Noch mal alles gut mischen und dann die abgegossenen Nudeln darunterheben. Auf Schalen verteilen und mit Sesam bestreut genießen.

TIPP:

Auch dieses Gericht kannst du immer wieder neu abwandeln und zum Beispiel verschiedenes Gemüse (wie Gurkenstreifen oder gebratenen Pak Choi) oder auch knusprigen Tofu dazumischen oder alles mit einem Topping deiner Wahl verfeinern.

Vegane Dumplings

GYOZA MIT GEMÜSE

ZUTATEN

Für 2 Portionen

ca. 45 Minuten

Ruhen: ca. 30 Minuten

FÜR DEN TEIG:

- 75 g Speisestärke
- 125 g Weizenmehl Type 405

FÜR DIE FÜLLUNG:

- ¼ Chinakohl oder Spitzkohl
- 1 kleine Karotte
- 2 Frühlingszwiebeln
- 2 Knoblauchzehen
- 2 EL geröstetes Sesamöl
- 2 EL Sojasoße
- 1 EL Reisessig

FÜR DIE SOSSE:

- 1 rote Chilischote (oder 1 TL Chilischoten)
- 3 cm Ingwer
- 1 Limette
- 50 ml Sojasoße
- 2 EL Ahornsirup
- 1 TL Sesam

Gyoza hast du eventuell schon mal in einem Restaurant gegessen. Sie werden in Japan oft zu Ramen serviert, als Vorspeise oder sogar als Hauptgericht gegessen. Man kann sie ganz individuell füllen, da sind einem keine Grenzen gesetzt: veganes Hack, Tomaten, Mais, Kartoffeln, Spinat und vieles mehr – alles ist möglich. Viel Spaß beim Ausprobieren!

1 Mische für den Teig die Stärke mit dem Mehl und 2 Prisen Salz in einer Schüssel. 100 ml heißes Wasser zugeben und unterrühren. Den Teig in der Küchenmaschine oder auf der leicht mit Speisestärke bestäubten Arbeitsfläche mit den Händen etwa 5 Minuten lang gründlich durchkneten. Anschließend lässt du den Teig abgedeckt 30 Minuten bei Zimmertemperatur ruhen.

2 Inzwischen bereitest du die Füllung zu: Dafür den Kohl putzen, waschen und trocken tupfen. Die Karotte putzen, waschen und schälen. Die Frühlingszwiebeln putzen und waschen. Den Knoblauch schälen. Das gesamte Gemüse sehr klein schneiden oder hacken.

3 1 EL Sesamöl in einer Pfanne erhitzen und das Gemüse darin 5 Minuten anschwitzen. Die Sojasoße und den Reisessig dazugeben und die Mischung mit Salz und Pfeffer würzen. Lass die Gemüsefüllung weitere 5 Minuten offen kochen, bis die Flüssigkeit verdampft ist. Dann beiseitestellen und lauwarm abkühlen lassen.

4 Den Teig halbieren. Lasse ein halbes Teigstück abgedeckt ruhen und rolle das andere auf der leicht mit Stärke bestäubten Arbeitsfläche dünn aus. Steche mit einem 6–8 cm großen Ausstecher oder einem Glas so viele Kreise wie möglich aus. Gib dann die Teigreste zwischen den Teigkreisen zum übrigen Teig und decke diesen wieder ab.

TIPP:
Wie schon gesagt: Bei der Füllung kannst du im Prinzip jedes Gemüse verwenden, auf das du Lust hast oder das noch im Kühlschrank ist. Ich fülle meine Gyoza auch gerne mit Shiitake, denn ich liebe einfach Pilz-Geschmack. Ich nehme dafür 200 g Shiitake, lasse etwas Kohl weg und nehme 1–2 Esslöffel mehr Sesamöl, weil die Shiitake ein wenig mehr brauchen. Ansonsten bleibt alles, wie beschrieben.

AUSSERDEM:
- Salz und frisch gemahlener schwarzer Pfeffer zum Würzen
- Speisestärke für die Arbeitsfläche

5 Verteile mithilfe eines Teelöffels etwas Füllung auf jeden Teigkreis und bestreiche die Ränder dünn mit Wasser. Du kannst jetzt die Gyoza einfach wie Halbmonde zusammenklappen oder die typische Falttechnik anwenden: Dafür legst du den Teig zu einem Halbmond zusammen und beginnst an einer Seite, den Rand in kleinen Falten zusammenzulegen und an den unteren Rand anzudrücken. Du kannst den Rand auch mit einer Gabel eindrücken.

6 Wiederhole nun das Ausrollen, Belegen und Falten so lange, bis der gesamte Teig verarbeitet ist. Bei der Teigmenge entstehen ungefähr 20–30 Teigtaschen. Decke die bereits fertigen Teigtaschen mit einem leicht angefeuchteten, sauberen Küchentuch ab, damit sie nicht austrocknen.

7 Erhitze das restliche Öl in einer großen, beschichteten Pfanne, setze die Gyoza hinein und brate sie ohne Wenden etwa 5 Minuten goldbraun. Dann gieße 150 ml Wasser hinzu, lege den Deckel auf die Pfanne und dämpfe alles bei mittlerer Hitze, bis die Flüssigkeit aufgenommen wurde.

8 Für die Soße die Chilischote waschen und in Ringe schneiden. Den Ingwer schälen und reiben, die Limette auspressen. Alle Zutaten für die Soße miteinander verrühren und die Gyoza mit der Soße anrichten.

Tteokbokki

MIT RICE CAKES

ZUTATEN

Für 2 Portionen

ca. 45 Minuten

- 2 Knoblauchzehen
- 1 Zwiebel
- 2 Frühlingszwiebeln, klein gehackt
- 1 Pak Choi
- 1 Handvoll Shiitake-Pilze (oder Enoki)
- 1–2 EL Gochujang (das ist eine scharfe, koreanische Würzpaste)
- 1 TL koreanische Chiliflocken (wer mag)
- 1 EL Ahornsirup
- 1 EL Sojasoße
- 400 ml Gemüsebrühe (oder Dashi-Brühe)
- 400 g aufgetaute Rice Cakes
- 100 g Ramen-Nudeln
- 1 Handvoll veganer Käse (wer mag)
- 1 TL Sesam

Ein weiteres, richtig tolles Comfort Food! Tteokbokki ist ein schönes Gericht aus Korea, zubereitet mit Rice Cakes (auch Reiskuchen genannt). Diese sind allerdings weder süß, noch erinnern sie in irgendeiner Art an Kuchen. Es gibt sie unterschiedlich geformt (ich mag die Stiftform) und sie haben eine sehr interessante Konsistenz, die mit Lebensmitteln aus dem deutschen Raum kaum zu vergleichen ist. Also, wenn du offen für Neues bist, probiere das Gericht unbedingt mal aus! Hier zeige ich dir meine Art, Tteokbokki zu machen. Sie ist vielleicht nicht die perfekte traditionelle Variante, aber eben meine ganz persönliche! Übrigens: Rice Cakes findest du in der Tiefkühltruhe im Asia-Markt.

1 Den Knoblauch und die Zwiebel schälen und klein schneiden. Die Frühlingszwiebeln waschen, putzen und in Ringe schneiden. Den Pak Choi waschen, putzen und ebenfalls klein schneiden. Die Pilze feucht abreiben und je nach Größe auch in kleinere Stücke schneiden.

2 Verrühre in einer Schüssel Gochujang mit den Chiliflocken, dem Ahornsirup und der Sojasoße.

3 In einer tiefen Pfanne die Gemüsebrühe und die angerührte Soße erhitzen. Die Rice Cakes sowie Knoblauch und Zwiebel dazugeben und alles für 5 Minuten auf hoher Hitze kochen. Stelle die Hitze etwas herunter und rühre die Ramen-Nudeln so ein, dass sie von der Soße bedeckt sind.

4 Gib dann Pilze und Pak Choi dazu und lasse alles so lange köcheln, bis die Ramen und das Gemüse gar sind. Gerne wird dieses Gericht auch mit Käse gegessen. Wer also mag, kann zum Schluss auch etwas veganen Reibekäse darauf verteilen, den Deckel schließen und alles köcheln lassen, bis der Käse geschmolzen ist. Richte dein Tteokbokki an und bestreue es vor dem Servieren mit Frühlingszwiebelringen und etwas Sesam. Fertig!

TIPP:
Nach dieser Zubereitungsart bleibt das Gemüse schön knackig. Wenn du es weicher magst, gib es einfach etwas früher als die Ramen in die Soße und dünste es separat an. Wenn die Soße zu dickflüssig wird, gib ½ TL Speisestärke und einen Schuss Wasser hinzu.

Vegane Burritos

MIT LINSENSOSSE

ZUTATEN
Für 2 Portionen
ca. 30 Minuten
Kochen: ca. 30 Minuten

FÜR DIE LINSENSOSSE:
- 1 Knoblauchzehe
- 2 Tomaten
- 2 EL Olivenöl
- 100 g braune Linsen
- 1 TL getrocknete Thymian
- 100 g passierte Tomaten

FÜR DIE SALSA:
- 3 Tomaten
- 1 rote Zwiebel
- 2 cm Ingwer
- ½ rote Chilischote (oder ½ TL Chiliflocken)
- 1 Limette
- 2 TL Ahornsirup
- 3 EL Olivenöl

Von außen knusprig, von innen saftig – so kannst du dir diese Burritos vorstellen. Zusammen mit einer Geschmacksexplosion! Super geeignet für Partys oder für einen Abend mit Freunden. Anstatt der Linsen kannst du auch veganes Hack oder veganes »Pulled Meat« nehmen und, wer mag, zusätzlich Vollkornreis.

1 Für die Soße den Knoblauch schälen und würfeln. Die Tomaten waschen, halbieren und die Stielansätze herausschneiden. Die Tomatenhälften würfeln.

2 Das Olivenöl in einem Topf erhitzen und Knoblauch, Tomaten, Linsen und Thymian darin ca. 2 Minuten anschwitzen. Die passierten Tomaten und 200 ml Wasser dazugießen und alles aufkochen. Abgedeckt bei mittlerer Hitze weich kochen. Gegen Ende der Garzeit den Deckel abnehmen und weiterkochen, bis eine dickflüssige Soße entstanden ist. Anschließend mit Salz und Pfeffer würzen.

3 Für die Salsa die Tomaten waschen, halbieren und die Stielansätze herausschneiden. Die Tomatenhälften würfeln. Die Zwiebel schälen und ebenfalls würfeln. Den Ingwer schälen, die Chili waschen und entkernen und beides klein hacken. Die Limette auspressen. Mische alle Zutaten für die Salsa in einer Schüssel und würze sie mit Salz und Pfeffer.

4 Für die Füllung die Paprika halbieren, entkernen, waschen und klein würfeln. Die Petersilie waschen, trocken tupfen, die Blätter abzupfen und hacken. Den Mais in ein Sieb geben, abspülen und abtropfen lassen. Die Salatblätter waschen und trocken tupfen.

FÜR DIE FÜLLUNG:

- 1 Paprikaschote (rot, grün oder gelb)
- 4 Stängel glatte Petersilie
- 1 kleine Dose Mais (Abtropfgewicht 85 g)
- 4 Salatblätter

FÜR DIE AVOCADOCREME:

- 1 Avocado
- 1 Schalotte
- 1 Limette

AUSSERDEM:

- Salz
- frisch gemahlener schwarzer Pfeffer
- 4 Maistortilla-Wraps

5 Für die Avocadocreme die Avocado halbieren, den Stein mit einem Messer anklopfen und herausdrehen. Das Fruchtfleisch aus den Schalen heben und in einer Schüssel zerdrücken. Die Schalotte schälen und fein würfeln, die Limette auspressen und beides zur Avocado geben. Alles gut verrühren und mit etwas Salz und Pfeffer abschmecken.

6 Zum Servieren die Tortillas mit dem Salat belegen, die Linsensoße darauf verteilen und mit Mais, Paprika und Petersilie bestreuen. Zu Burritos aufrollen und mit der Tomatensalsa und der Avocadocreme servieren.

TIPP:
Wenn du magst, kannst du die Burritos auch in der Pfanne oder im Ofen bei 220 °C einige Minuten knusprig backen. Dafür dann den Salat hacken und in die Mitte des Burritos geben, damit er nicht matschig wird. Sehr gut passt dazu außerdem veganer Frischkäse oder vegane Crème fraîche.

Königsberger Klopse

FAST WIE BEI OMA UND OPA

ZUTATEN

Für 2 Portionen

ca. 20 Minuten

Garen: ca. 20 Minuten

FÜR DIE KLOPSE:

- 2 Schalotten
- 1 veganes altbackenes Brötchen (1–2 Tage alt)
- 10 EL lauwarmer Pflanzendrink
- 1 Glas Kichererbsen (220 g Abtropfgewicht)
- 2 TL mittelscharfer Senf
- 1 TL geräuchertes Paprikapulver
- 1 TL getrockneter Oregano
- 1 TL Salz
- 3 Prisen frisch gemahlener schwarzer Pfeffer

FÜR DIE SOSSE:

- 500 ml Gemüsebrühe
- 50 g vegane Margarine
- 35 g Speisestärke
- 100 ml Pflanzendrink (deine Lieblingssorte)
- 2 EL Kapern aus dem Glas
- ½ Zitrone
- ½ TL Salz

Wenn ich sage, dass Königsberger Klopse mein absolutes HIGHLIGHT als Kind waren, übertreibe ich nicht! Sie waren etwas ganz Besonderes für mich, da es sie immer nur zu besonderen Anlässen bei Opa und Oma gab. Opa Fritz hat immer die besten Königsberger Klopse gemacht, ich habe noch die Nächte danach davon geträumt. Ganz simpel mit Salzkartoffeln. Natürlich musste ich eine vegane Version dazu machen. Probiere sie unbedingt mal aus!

1 Für die Klopse die Schalotten schälen und klein würfeln. Das Brötchen im Pflanzendrink für ca. 15 Minuten einweichen lassen, würfeln und anschließend in der Küchenmaschine mit Schneidmesser (oder im Mixer) zerkleinern.

2 Die Kichererbsen in ein Sieb abgießen, abtropfen lassen und zusammen mit allen anderen Zutaten für die Klopse zu den Semmelbröseln in die Küchenmaschine oder den Mixer geben.

3 Alle Zutaten in Intervallen zerkleinern und mischen. Zwischendurch die Maschine ausschalten und die Masse vom Rand nach unten schieben. Sollte die Masse zu trocken sein, kannst du 1–2 Esslöffel Wasser zugeben. Mixe alles so lange, bis eine kompakte, formbare Masse entstanden ist. Fülle sie in eine Schüssel und forme daraus mit angefeuchteten Händen 12 Bällchen.

4 Inzwischen die Kartoffeln waschen und in der Schale knapp mit Salzwasser bedeckt ca. 20 Minuten weich kochen.

5 Bringe die Gemüsebrühe in einem Topf zum Kochen, schalte die Hitze auf mittlere Temperatur herunter und gib vorsichtig die Bällchen in die Brühe. Lass die Klopse darin ca. 15 Minuten ziehen – die Brühe sollte nicht sprudelnd kochen, sondern nur kurz vor dem Kochen sein.

TIPP:
Ich finde das Rezept superlecker und ich mag es auch, das Hackfleisch durch etwas ganz anderes zu ersetzen – in diesem Fall durch die Kichererbsen. Wenn du aber auch optisch möglichst nah am Original sein willst, dann serviere die Klopse mit Salzkartoffeln und verwende für die Klops-Masse statt der Kichererbsen 250 g veganes Hack. Weiche das altbackene Brötchen in lauwarmem Wasser ein, drücke es aus und verknete es mit dem Hack und allen restlichen Zutaten für die Klopse. Forme dann aus dieser Masse Bällchen – und falls sie zu feucht sind, gib noch ein paar Semmelbrösel hinzu.

- 2 Prisen frisch gemahlener schwarzer Pfeffer
- 1 Prise frisch gemahlene Muskatnuss
- 3 Stängel glatte Petersilie

AUSSERDEM:
- 500 g kleine, festkochende Kartoffeln
- 1 TL Salz

6 Die Margarine bei mittlerer Temperatur in einem Topf zerlassen und die Speisestärke dazusieben. Rühre dabei ständig mit einem Schneebesen und achte darauf, dass es insgesamt nicht zu heiß wird.

7 Sobald die Mischung leicht nussig riecht, gieße nach und nach die Gemüsebrühe und den Pflanzendrink dazu und rühre dabei immer gut um, damit keine Klumpen entstehen. Koche die Soße auf, bis sie schön cremig wird, und würze sie mit den Kapern, einem Spritzer Zitronensaft, etwas Salz, Pfeffer und Muskat.

8 Die Petersilie waschen, trocken tupfen und hacken. Die Soße über die Klopse gießen, mit der Petersilie bestreuen und zusammen mit den Kartoffeln servieren.

Pulled Jackfruit Burger

MIT GUACAMOLE

ZUTATEN

Für 2–3 Portionen

ca. 45 Minuten

FÜR DIE PULLED JACKFRUIT:

- 1 Dose Jackfruit in Salzlake (Abtropfgewicht ca. 250 g)
- 1 TL geräuchertes Paprikapulver
- ½ TL Knoblauchpulver
- ¼ TL gemahlener Kreuzkümmel
- ¼ TL Salz
- ¼ TL frisch gemahlener schwarzer Pfeffer
- 2 EL Olivenöl
- 1 Knoblauchzehe
- 1 TL Liquid Smoke (wer mag)
- 50 ml Barbecue-Soße
- 50 ml Gemüsebrühe
- 1 EL Tomatenmark

FÜR DIE GUACAMOLE:

- 1 Avocado
- 1 Prise Salz
- 1 Prise frisch gemahlener schwarzer Pfeffer
- 1 EL Limettensaft
- 1 EL vegane Crème fraîche

Dieser Burger hat mich echt überrascht, als ich ihn das erste Mal probiert habe. So viel Geschmack, so saftig und sooo gut!

1 Die Jackfruit in ein Sieb abgießen, kurz mit Wasser waschen und dann abtropfen lassen. Die Fruchtstücke in eine Schale geben, mit den Fingern klein zupfen und mit dem geräucherten Paprikapulver, Knoblauchpulver, Kreuzkümmel, Salz, Pfeffer sowie 1 Esslöffel Olivenöl vermengen. Massiere dabei die Gewürze mit den Fingern in das Fruchtfleisch ein. Alles abdecken und für 5–10 Minuten zur Seite stellen.

2 In der Zwischenzeit schon mal die Guacamole zubereiten. Dazu die Avocado teilen, das Fruchtfleisch in eine Schüssel geben, mit einer Gabel zerdrücken, bis es entweder noch leicht stückig ist oder sehr cremig, so wie du magst. Die restlichen Zutaten für die Guacamole hineinrühren und alles erst einmal in den Kühlschrank stellen.

3 Für das Topping die Zwiebel schälen und in Ringe schneiden. In einer Pfanne 1 Esslöffel Margarine erhitzen, den braunen Zucker dazugeben und die Zwiebeln darin anschwitzen. Auf mittlerer Hitze so lange rühren, bis die Zwiebelringe leicht karamellisiert sind. In eine Schüssel geben und ebenfalls zur Seite stellen.

4 Für die Pulled Jackfruit die Knoblauchzehe fein hacken und in einer Pfanne im restlichen Olivenöl anschwitzen. Die Jackfruit dazugeben, wenn du magst, kommt jetzt auch das Liquid Smoke hinzu. Dann noch die Barbecue-Soße, die Gemüsebrühe und das Tomatenmark. Alles gut verrühren und aufkochen. Auf mittlerer Hitze ca. 5 Minuten mit geschlossenem Deckel köcheln und dann 5 Minuten ohne Deckel weiterköcheln lassen, bis die Masse ein wenig eingedickt ist.

FÜR DAS TOPPING:

- 1 große Zwiebel
- 2 EL Margarine
- 1 EL brauner Zucker (alternativ 1 EL Agavendicksaft)
- ½ große Tomate
- Salatblätter (wer mag)
- 2 Burger-Buns
- 2 Scheiben veganer Käse (wer mag)
- 2 EL Ketchup (wer mag)

5 Die Tomate waschen und in Scheiben schneiden. Im Prinzip brauchst du pro Burger nur eine Scheibe, je nachdem wie groß die Tomate ist. Falls du noch Tomate übrig hast, kannst du diese sehr fein hacken und zu der Guacamole geben. Die Salatblätter waschen und trocken tupfen.

6 Die Burger-Brötchen aufschneiden und in einer Pfanne in der restlichen Margarine mit den Schnittflächen nach unten goldbraun anbraten. Auf einem Teller die untere Hälfte der Burger-Brötchen mit der Pulled Jackfruit belegen, darauf eine gewünschte Menge Guacamole geben, karamellisierte Zwiebelringe und eine Tomatenscheibe. Wenn du magst, schichte noch ein knackiges Salatblatt, Käse und etwas Ketchup dazu. Schmeckt aber auch ohne. Mit der anderen Brötchenhälfte schließen und genießen! (War das gerade ein Reim?!)

Linseneintopf

DEFTIG UND LECKER

ZUTATEN

Für 4–6 Portionen
ca. 30 Minuten
Garen: ca. 45 Minuten

- 1 Bund Suppengemüse
- 1 Zwiebel
- 100 g Räuchertofu (nach Belieben)
- 1 EL neutrales Pflanzenöl (oder vegane Butter)
- 500 g Tellerlinsen
- 3 große Kartoffeln
- 1 Lorbeerblatt
- 1 EL Senf
- 2 TL Salz
- ½ TL frisch gemahlener schwarzer Pfeffer
- 1–2 TL Rohrohrzucker
- 2–3 EL Weißweinessig
- 1 Bund Schnittlauch

Für mich sind die klassischen Gerichte von früher einfach die besten. Und ein guter, alter Linseneintopf geht einfach immer. Herzhaft, deftig und wohltuend. Mehr muss ich dazu nicht sagen. Außer: Schmeckt am nächsten Tag noch besser!

1 Das Suppengemüse und die Kartoffeln waschen, putzen, schälen und klein würfeln. Die Zwiebel schälen und würfeln. Den Räuchertofu ebenso würfeln oder mit den Fingern klein zerkrümeln.

2 Erhitze das Öl in einem Topf und gib das Suppengemüse, die Zwiebel und den Tofu hinzu. Dünste alles ca. 4 Minuten an und gib dann die die Kartoffelwürfel, das Lorbeerblatt, den Senf und etwa 2 l Wasser in den Topf. Koche alles auf, schalte die Hitze herunter und lasse deine Linsensuppe ca. 40 Minuten abgedeckt sanft köcheln.

3 Schmecke den Eintopf zum Schluss mit Salz, Pfeffer, Zucker und Essig würzig ab und lasse ihn noch 10 Minuten weiterköcheln. Den Schnittlauch waschen, trocken tupfen und klein schneiden. Den Eintopf mit Schnittlauch bestreut servieren.

TIPP:
Wie alle Eintöpfe schmeckt auch der Linseneintopf gut durchgezogen am nächsten Tag noch besser. Also koche ruhig die gesamte Menge, auch wenn du erst einmal nur 1–2 Portionen brauchst. Der übrige Eintopf ist im Kühlschrank 4–5 Tage haltbar – und lässt sich sogar ohne Probleme (am besten portionsweise) einfrieren. Innerhalb von 3–4 Monaten aufbrauchen.

REFLEXION

Das bedeutet Kochen für mich:

....

Hefeteig-Buns

MIT VEGGIE-FÜLLUNG

ZUTATEN

Für 10–12 Buns

ca. 45 Minuten

Gehen: ca. 2 Stunden

Dämpfen: ca. 15 Minuten (pro Einheit)

FÜR DIE BUNS:

- 1 Packung Trockenhefe (7 g)
- 1 EL Zucker
- 1 EL neutrales Pflanzenöl (z.B. Sonnenblumenöl oder Rapsöl)
- 430 g Weizenmehl Type 550 (oder Dinkelmehl Type 630)
- 3 flache EL Speisestärke
- 2 TL Backpulver
- ½ TL Salz

Ich weiß noch, wie ich damals in Singapur mit meinem Papa an Läden oder Restaurants vorbeigegangen bin. Oftmals sieht man diese Hefebrötchen dann im Schaufenster oder in kleinen Vitrinen. Und jedes Mal haben mich die Brötchen fast magisch angezogen. Ich weiß nicht, warum sie bis heute so eine Faszination auf mich ausüben. Sie sehen irgendwie aus wie aus einem Zeichentrickfilm. Vielleicht musste ich auch immer an die eine Szene aus »Chihiros Reise ins Zauberland« denken, in der Chihiro ein Brötchen verschlingt und sich danach gestärkt fühlt. So oder so, dieses Rezept musste hier unbedingt rein! Enjoy!

1 Für den Teig die Trockenhefe zusammen mit dem Zucker in 170 ml lauwarmem Wasser auflösen und für 10–15 Minuten kurz zur Seite stellen, bis ein leichter Schaum entstanden ist. 1 EL Öl hinzufügen und alles verrühren.

2 Verrühre alle trockenen Teig-Zutaten in einer Schüssel, gib die flüssige Hefemixtur langsam dazu und vermenge währenddessen alles nach und nach zu einem Teig. Knete den Teig mit den Händen ca. 10 Minuten lang auf einer bemehlten Arbeitsfläche kräftig durch. (Du kannst aber auch eine Küchenmaschine benutzen: Trockene Zutaten hineingeben, Küchenmaschine anschalten, langsam die flüssigen Zutaten zufügen und für 8 Minuten kneten lassen.) Nach dem Kneten sollte der Teig weich sein, aber nicht mehr an den Händen kleben. Gib je nach Bedarf etwas mehr Wasser oder Mehl dazu.

3 Forme den Teig zu einer Kugel, bestreiche ihn mit ganz wenig Öl und lasse ihn abgedeckt in einer Schüssel an einem warmen Ort 1–2 Stunden gehen, bis er sich in der Größe verdoppelt hat. ►

FÜR DIE FÜLLUNG:

- 2 Karotten
- 350 g Pak Choi
- 3 Knoblauchzehen
- 6 Shiitake-Pilze
- 3 Austernpilze (oder mehr Shiitake)
- 1 EL neutrales Pflanzenöl (z.B. Sonnenblumenöl oder Rapsöl)
- 100 g fester Tofu (oder Räuchertofu, hat aber ein starkes Aroma)
- 1 TL Sojasoße
- 1 TL Agavendicksaft
- 1 TL Sesamöl
- ½ TL Salz
- ¼ TL frisch gemahlener schwarzer Pfeffer

AUSSERDEM:

- 2–3 EL Weizenmehl (oder Dinkelmehl) für die Arbeitsfläche
- ½ EL neutrales Pflanzenöl zum Bestreichen
- Topf mit Dampfeinsatz oder Bambusdämpfer
- Sriracha-Soße (oder deine Lieblingssoße)

4 In der Zeit kannst du super die Füllung zubereiten. Dafür die Möhren schälen und würfeln. Den Pak Choi vierteln, putzen und waschen. In einem Topf mit kochendem Wasser 15 Sekunden lang kochen, dann sofort in ein Sieb abgießen und mit kaltem Wasser abschrecken. Zum Schluss den Pak Choi ausdrücken, damit er möglichst trocken ist.

5 Den Knoblauch schälen und klein hacken. Die Pilze feucht abreiben und klein würfeln.

6 Das Öl in einer Pfanne erhitzen und die Karotten darin ca. 3 Minuten andünsten. Die Pilze und den Knoblauch zu den Karotten geben. Den Tofu entweder klein würfeln oder mit den Händen grob zerbröseln und ebenfalls dazugeben. Alles 4–5 Minuten auf mittlerer Hitze braten, dann vom Herd nehmen und abkühlen lassen.

7 Gib den Pfanneninhalt und den Pak Choi in einen Standmixer und hacke alles darin schön klein. Mixe aber nicht zu lang, denn die Füllung soll nicht püriert, sondern nur zerkleinert werden. Fülle das Gemüse in ein Sieb um und lasse es ca. 3 Minuten ruhen. Drücke mit einem Pfannenwender, wenn nötig, das Gemüse etwas aus, damit die Mischung möglichst trocken wird.

8 Die Gemüsemischung in eine Schüssel geben und mit der Sojasoße, dem Agavendicksaft, dem Sesamöl, Pfeffer und Salz vermengen.

9 Den aufgegangenen Teig auf der bemehlten Arbeitsfläche noch einmal 2 Minuten kräftig durchkneten und dann in 10–12 gleich große Stücke schneiden. Forme daraus Kugeln und rolle diese jeweils zu einem etwa 10 cm großen Kreis aus. Jeweils etwa 1 Esslöffel der Füllung in die Mitte jedes Teigkreises geben, die Seiten hochziehen, mit den Fingern festdrücken und die Füllung gut verschließen.

10 Lege ein Backblech mit Backpapier aus und verteile deine Buns mit Abstand darauf. Hast du den gesamten Teig verarbeitet, lege noch einmal ein Küchentuch über die Buns und lasse sie weitere 20 Minuten gehen.

Hefebuns aus Singapur, 2021 – Shot by Shantis Papa

11 Koche in deinem Topf mit Dämpfeinsatz Wasser auf und verteile deine Buns portionsweise auf dem Einsatz. Je nach Größe kannst du 3–4 Buns gleichzeitig dämpfen. Die restlichen Buns lässt du in dieser Zeit einfach weiter abgedeckt ruhen.

12 Dämpfe die Buns 10 Minuten, reduziere dann die Hitze und lasse sie 3–4 Minuten im restlichen Dampf sitzen. Wiederhole diesen Vorgang, bis du alle Buns gedämpft hast. Dann am besten frisch mit Sriracha-Soße oder einer anderen Chilisoße (oder auch einfach so) genießen!

TIPP:
Falls Buns übrig bleiben und du sie am nächsten Tag noch mal erwärmen möchtest, kannst du sie für 1 Minute in die Mikrowelle geben oder noch mal für 5 Minuten dämpfen!

Food Diary

Nachspeisen & Süßes

Dafür hat man doch diesen zweiten Magen, von dem immer alle sprechen? Hier findest du süße Glücklichmacher, Desserts oder wie auch immer du diese Naschereien nennen magst! All das, was vom Magen direkt ins Herz geht in einem Kapitel zusammengefasst. Achtung: Es wird süß und superlecker!

S

Ui, vermutlich eines meiner Lieblingskapitel! Hier ist für deinen kleinen süßen Hunger bis hin zu der großen Lust auf Süßes und Desserts alles dabei! Ob für zwischendurch als kleiner Snack oder für nach dem großen Dinner – bei meiner Auswahl an Rezepten wirst du hoffentlich fündig!

Reflexion: Nachspeisen und ich

1 Meine liebsten Nachspeisen:

2 Milcheis oder Fruchteis? Welches ist meine liebste Eiscremesorte und welche Sorten gehen gar nicht?

3 Welches ist das aufwendigste Dessert, das ich je gezaubert habe? Wie gut ist es mir gelungen? Was kann ich besser machen?

4 Welche Nachspeise bestelle ich in meinem Lieblingsrestaurant am liebsten und wieso?

5 Welche Gefühle lösen Süßigkeiten und Desserts in mir aus?

6 »Gesunde« Alternativen oder Original bei Schokoriegeln & Co.? Warum?

7 Schokolade oder Gummibärchen?

8 Wann habe ich das erste Mal gebacken und wie gut ist es mir gelungen? Was kann ich besonders gut backen?

9 Welches Dessert würde ich gerne mal selber machen?

10 Ein Liebesgedicht an Schokolade:

White Chocolate Muffins

MIT BLAUBEEREN

ZUTATEN

Für 12 Stück

ca. 10 Minuten

Backen: ca. 25 Minuten

- 50 g weiße Schokolade
- 70 g Blaubeeren
- 2 reife Bananen
- 250 g Dinkelvollkornmehl
- 100 g Vollrohrzucker
- 2 Päckchen Vanillezucker
- ½ Päckchen Backpulver
- 1 Prise Salz
- 100 ml neutrales Pflanzenöl (z.B. Sonnenblumenöl oder Rapsöl)
- 250 ml Pflanzendrink (deine Lieblingssorte)

AUSSERDEM:

- 2 TL Pflanzenöl zum Einfetten

Die White Chocolate Muffins mit Blaubeeren sind ganz einfach zu machen und dazu auch noch himmlisch lecker! Statt Blaubeeren kannst du auch Himbeeren oder andere Früchte nehmen. Und für eine glutenfreie Variante kann ich Reismehl wärmstens empfehlen!

1 Heize den Ofen auf 180 °C Ober-/Unterhitze vor und fette die Mulden deines Muffinblechs mit etwas Öl ein.

2 Die weiße Schokolade in nicht zu kleine Stücke hacken, die Blaubeeren waschen und trocken tupfen. Die Bananen in Stücke schneiden und in einer Schale cremig zerdrücken.

3 Mische in einer Schüssel das Vollkornmehl, den Zucker und Vanillezucker, das Backpulver und das Salz. In einer zweiten Schüssel verrührst du die Bananen mit Öl und Pflanzendrink.

4 Gieße die flüssige Mischung zur trockenen und verrühre alles gleichmäßig. Hebe die weiße Schokolade und die Blaubeeren unter den Teig und verteile ihn in die Mulden deines Muffinblechs.

5 Backe die Muffins im Backofen ca. 25 Minuten goldbraun. Anschließend aus den Mulden heben und auf einem Kuchengitter abkühlen lassen. Schon fertig!

REFLEXION

Meine Lieblingssüßigkeiten, die mich immer glücklich machen können:

....

....

Vegane Eiscreme

OHNE EISMASCHINE

ZUTATEN
Für 4 Portionen
ca. 20 Minuten
Einweichen: ca. 6 Stunden (oder über Nacht)
Gefrieren: ca. 5 Stunden

FÜR VANILLEEIS:

- 150 g blanchierte Mandeln
- 100 g Cashewkerne
- 1 Vanilleschote
- 70–100 g Rohrohrzucker (oder Kokosblütenzucker)
- 300 ml Mandeldrink (oder andere Pflanzendrink)

Eis geht immer! Dieses Grundrezept kannst du nach deinem Geschmack anpassen. Ob fruchtig, schokoladig oder nussig! Neben dem vanilligen Grundrezept mache ich dir auch ein paar Vorschläge, wie du die Masse leicht abwandeln kannst.

1 Weiche die Mandeln und die Cashewkerne über Nacht in kaltem Wasser ein. Am nächsten Tag abgießen und abtropfen lassen. Die Vanilleschote längs aufschneiden und das Mark herausschaben.

2 Püriere alle Zutaten im Mixer fein und cremig. Fülle dann die Masse in eine Schale und lasse sie mindestens 4–5 Stunden im Gefrierfach fest werden.

3 Hole dein Eis ca. 20 Minuten vor dem Servieren aus dem Tiefkühlfach und lasse es im Kühlschrank etwas weicher werden. Löse das Eis anschließend aus der Form, schneide es auf einem Brett in grobe Stücke und mixe es im Mixer oder Blender cremig. (Schalte zwischendrin den Mixer aus und schiebe die Masse vom Rand wieder runter zu den Schneidmessern.)

4 Zum Servieren auf Schälchen verteilen und mit frischen Früchten oder deinen Lieblingskeksen dekorieren.

FÜR VARIATIONEN:
Für Fruchteis: Gib zur Grundmasse eine Handvoll deines Lieblingsobsts (z.B. Mangowürfel, Beeren oder eine Banane) und lasse dann diese Mischung gefrieren.

Für Haselnusseis: Gib, wenn du deine gefrorene Eismasse im Mixer cremig rührst, 2–3 EL Haselnussmus dazu.

REFLEXION

Nachspeisen, für die immer Platz in meinem Magen ist:

....

Für Schokoladeneis: Gib zur Grundmasse 2–3 EL Kakaopulver und lasse diese Mischung gefrieren.

Für Cookies 'n' Cream: Zerkrümle 5 Oreo-Kekse (oder andere Kekse, die du magst) in kleine Stücke und rühre sie kurz vor dem Servieren unter deine cremig pürierte Eiscreme.

Für Spekulatius-Eis: Zerkrümle 4–5 vegane Spekulatius-Kekse in kleine Stücke und rühre sie zusammen mit einer guten Prise Zimt kurz vor dem Servieren unter deine cremig pürierte Eiscreme.

Und noch mehr: Mit gehackter veganer Schokolade, gerösteten und karamellisierten Nüssen, veganer Karamell- oder Schokosoße kannst du deine fertig gemixte Eiscreme kurz vor dem Servieren ebenfalls ganz schnell und lecker abwandeln. Einfach unterrühren und sofort servieren.

TIPP:
Wenn du ein Stück Backpapier auf den Teller legst, lassen sich deine Balls später besonders leicht lösen. Es geht aber auch ohne.

Hazelnut Butter

CHOCOLATE BALLS

ZUTATEN

Für 6 Bällchen
ca. 15 Minuten
Kühlen: ca. 30 Minuten

- 50 g dunkle Schokolade
- 50 g gemahlene Mandeln
- 35 g Haselnussmus
- 1 TL Ahornsirup (wer mag)

Diese kleinen Leckerbissen sind tatsächlich entstanden, als ich ein anderes Rezept für das Kochbuch getestet habe und Lust hatte, während des Wartens etwas zu snacken! Sie gehen ganz schnell, sind super-yummy und easy zuzubereiten. Du brauchst im Prinzip nur 3 Zutaten! Das Haselnussmus kann übrigens durch dein liebstes Nussmus ersetzt werden! Let's go!

1 Hacke die Schokolade in kleinere Stücke und lass sie im Wasserbad schmelzen.

2 In der Zwischenzeit die gemahlenen Mandeln mit dem Haselnussmus und dem Ahornsirup zu einer formbaren Masse mixen. Rolle daraus mit leicht angefeuchteten Händen kleine Bällchen und verteile sie auf einem Teller.

3 Überziehe deine Balls mit der geschmolzenen Schokolade und stelle sie für mindestens 30 Minuten in den Kühlschrank. Fertig!

Brownie-Schoko-Teig

SCHOKOCREME

ZUTATEN

Für 1 Schraubglas à ca. 400 ml

ca. 30 Minuten

- 200 g Haselnüsse
- 20 g dunkles Kakaopulver
- 20 ml Pflanzenöl (deine Lieblingssorte für Süßes – z. B. Kokosöl oder Sonnenblumenöl)
- 80 ml Ahornsirup
- etwas Salz

AUSSERDEM:

- leistungsstarker Mixer

Dieses Rezept ist entstanden, als ich eigentlich eine Schokocreme machen wollte. Irgendwie wurde sie viel zu fest. Als ich probierte, war ich total geflasht: Es war noch viel besser als Schokocreme. Es schmeckt wie eine Mischung aus Brownie-Teig und Schokoladentrüffel. Perfekt zum Naschen, wenn man Lust auf Süßes hat. Oder als Füllung für Mochi (Rezept ab Seite 160)!

1 Heize den Backofen auf 180 °C vor. Verteile die Nüsse auf einem Backblech und röste sie im heißen Ofen ca. 10 Minuten. Gib sie dann auf ein Küchentuch und fasse die Seiten des Küchentuchs zu einem Beutel zusammen. Gut durchschütteln, bis sich die Schale gelöst hat.

2 Die geschälten Haselnüsse in einen Mixer geben und für ca. 1 Minute mahlen. Die restlichen Zutaten dazugeben und noch mal alles für 2–3 Minuten mixen, bis du mit der Konsistenz zufrieden bist. Am besten schaltest du den Mixer währenddessen immer wieder aus und schiebst die Masse hinunter zu den Schneidemessern. Dann wieder anstellen – und das Ganze so lange, bis alles schön gemixt ist.

3 Fülle die Mischung in ein sauberes Schraubglas und bewahre sie im Kühlschrank auf. Innerhalb von 1 Woche aufbrauchen.

Carrot Cake

MIT FROSTING

ZUTATEN

Für 12–16 Stücke (Springform 20 cm Ø)

ca. 30 Minuten

Backen: ca. 45 Minuten

FÜR DEN KUCHEN:

- 1 unbehandelte Zitrone
- 250 g Karotten
- 120 ml neutrales Pflanzenöl (z.B. Sonnenblumenöl)
- 125 g brauner Zucker
- 1 TL Vanilleextrakt (oder Vanillemark)
- 150 g Weizenmehl Type 550
- 100 g gemahlene Haselnüsse
- 2 TL Backpulver
- 1 Prise Salz
- 2 TL Zimt
- 1 Prise frisch gemahlene Muskatnuss
- 1 Prise gemahlene Nelke

Ich kann mich noch ganz genau daran erinnern, als ich das erste Mal Carrot Cake gegessen habe. »Wow!«, war mein erster Gedanke. Das war 2012. Seitdem habe ich regelmäßig zu Familienfeiern Carrot Cake mitgebracht und jedes Mal kam er super an. Er ist richtig easy zu machen und verdammt lecker!

1 Den Backofen auf 180 °C Ober-/Unterhitze vorheizen. Eine Springform (20 cm ø) mit Öl einstreichen.

2 Die Zitrone waschen, trocken tupfen, die Schale fein abreiben und den Saft auspressen. Die Karotten schälen und grob raspeln.

3 Mische in einer Schüssel die Karotten mit Zitronensaft (die abgeriebene Schale kommt ins Frosting), Öl, Zucker und Vanilleextrakt. Verrühre Mehl, Haselnüsse, Backpulver, Salz, Zimt, Muskat und Nelke in einer zweiten Schüssel und vermenge die trockenen Zutaten gleichmäßig mit der Karottenmischung.

4 Fülle den Teig in die Springform und backe deinen Carrot Cake auf der mittleren Schiene ca. 45 Minuten. (Um zu prüfen, ob der Kuchen fertig ist, mache ich immer eine Stäbchenprobe. Holzstäbchen reinstecken, gleich wieder rausziehen und wenn kein Teig mehr daran klebt, kann der Kuchen raus.)

5 Für das Frosting die vegane Butter in eine Schüssel geben. Den Puderzucker dazusieben und alles mit dem Zitronenabrieb und 1 Prise Salz schaumig aufschlagen. Dann den Frischkäse esslöffelweise zugeben und kurz unterrühren.

6 Den Kuchen mit einem dünnen Messer am Rand entlang aus der Form lösen und auf eine Kuchenplatte setzen. Mit dem Frosting bestreichen und genießen.

FÜR DAS FROSTING:

- 75 g weiche vegane Butter
- 75 g Puderzucker
- 1 Prise Salz
- 100 g veganer Frischkäse

AUSSERDEM:

- 1 TL neutrales Pflanzenöl zum Einfetten

TIPP:

Für einen Naked Cake den Kuchen einmal horizontal halbieren. Die doppelte Menge Frosting zubereiten und die Hälfte davon auf den unteren Boden streichen. Den zweiten Boden aufsetzen und das übrige Frosting auf der Oberfläche verteilen.
Du kannst den Kuchen auch gut in einer rechteckigen Backform zubereiten und ihn zum Servieren in Würfel schneiden. Ist die Füllmenge der Form insgesamt größer, wird der Kuchen flacher und braucht weniger Backzeit. Behalte ihn also einfach im Auge und mache je nachdem schon etwas früher eine Stäbchenprobe.

Mochi

MIT BEERENFÜLLUNG

ZUTATEN

Grundrezept für ca. 10 kleine Mochi

ca. 30 Minuten

FÜR DIE FRUCHTIGE CHEESECAKE-FÜLLUNG:

- 50 g TK-Beeren (z.B. Blaubeeren oder Himbeeren)
- 2 EL Cashewmus
- 1 EL veganer Frischkäse
- 1 TL Agavendicksaft

FÜR DEN MOCHI-TEIG:

- 100 g Klebreismehl (findest du im Asiamarkt)
- 50 g Zucker

AUSSERDEM:

- Tapiokastärke zum Formen

Mochi machen mich so schon immer sehr glücklich, aber sie selbst zu machen, hebt das noch mal auf ein ganz neues Level! Ich habe sie tatsächlich erst 2021 das erste Mal gemacht und war erstaunt, wie einfach es doch geht! Dabei ist die Herstellung fast schon meditativ, man kann viel herumprobieren und deutlich günstiger als gekaufte sind sie auch. Also: Mach dir ein schönes Hörbuch oder einen Podcast nebenbei an und nimm dir ruhig etwas mehr Zeit, um all deine Liebe in die kleinen runden Glücklichmacher zu stecken!

1 Fang mit der Füllung an: Die Beeren in einer Schale auftauen lassen oder kurz in die Mikrowelle geben. Nimm etwas von dem Beerensaft zu Seite, damit kann später der Reismehlteig gefärbt werden.

2 Verrühre nun die Beeren mit dem Cashewmus, dem Frischkäse und dem Agavendicksaft in einer Schale zu einer cremigen Masse. Natürlich kannst du alles noch nach deinem Geschmack anpassen. Probier einfach mal zwischendrin!

3 Forme mit Teelöffeln aus der Beerenmasse 10 kleine Häufchen, setze sie auf einen Teller und stelle sie zum Festwerden in die Tiefkühltruhe.

4 In der Zwischenzeit kannst du dich um die Mochi kümmern. Verrühre dafür das Reismehl mit dem Zucker und 200 ml Wasser in einer mikrowellengeeigneten Schüssel zu einer glatten Masse. Wenn du Lust hast, kannst du jetzt mit ein paar Teelöffeln Beerensaft den Teig rosa einfärben. Achte darauf, so wenig Klumpen wie möglich im Teig zu haben. Nicht wundern – der Teig ist anfangs sehr flüssig. ▸

TIPP:
Als Füllung kannst du auch mal die Schokocreme von Seite 157 ausprobieren und Kakaopulver zum »Einpudern« der Mochi verwenden – yummy!

5 Stelle die Schüssel mit dem Teig für 1 Minute bei 800 Watt in die Mikrowelle. Herausnehmen, umrühren und für weitere 30 Sekunden in die Mikrowelle stellen. Erneut herausnehmen, umrühren und ein letztes Mal für 30 Sekunden in die Mikrowelle stellen.

6 Der heiße Teig sollte jetzt relativ fest und formbar sein, ist aber noch sehr klebrig. Das wird jetzt geändert! Streu etwas Tapiokastärke auf deine Arbeitsfläche. Gib darauf den Teig und rolle ihn etwas, sodass er rundum mit der Stärke bedeckt ist.

7 Rolle den Teig mit dem Nudelholz leicht aus und schneide ihn anschließend in 10 kleine Stücke. Rolle jedes Stück aus, lasse die Stücke etwas auskühlen und hole die Füllung aus dem Tiefkühlfach.

8 Gib jeweils eine Portion der Füllung in die Mitte eines Teigstücks und verschließe alles mit den Fingern. Manchmal hilft es, die Ränder minimal anzufeuchten, damit sie besser zusammenkleben. Direkt genießen oder im Kühlschrank aufbewahren und immer zugreifen, wenn dich die Mochi-Lust überkommt.

TIPP:
Man kann den Teig auch 15 Minuten in einem Bambuskorb dämpfen (wenn du einen hast), was die traditionelle Herstellungsweise wäre, aber mit der Mikrowelle geht's etwas schneller und die hast du sicher da!

Vegane Zimtschnecken

MIT FROSTING

ZUTATEN
Für 12 Stück
ca. 30 Minuten
Gehen: 2–3 Stunden
Backen: ca. 20 Minuten

FÜR DEN HEFETEIG:
- 400 g Weizenmehl Type 550
- ½ Päckchen Trockenhefe
- 2 Prisen Salz
- 50 g Zucker
- 175 ml Pflanzendrink (deine Lieblingssorte)
- 50 g weiche vegane Butter

FÜR DIE FÜLLUNG:
- 100 g vegane Butter
- 2 EL Zimtpulver
- 70 g brauner Zucker

FÜR DIE GLASUR:
- 100 g veganer Frischkäse
- 100 g Puderzucker

AUSSERDEM:
- 2 TL vegane Butter zum Einfetten
- Weizenmehl Type 550 zum Ausrollen

Ich liebe Hefeteig – und niemand, wirklich niemand muss Angst haben, dass er nicht aufgeht. Er braucht einfach Zeit und etwas Wärme, das ist alles. Eigentlich supersimpel. Stell die Schüssel z.B. abgedeckt auf deine Heizung – Hefe liebt das. Und die Wartezeit lohnt sich, denn diese Zimtschnecken sind ein wahr gewordener Traum! Süß, fluffig, zart und dann noch mit leckerer Glasur … Ohne Glasur und abgekühlt kannst du die Hefeschnecken auch portionsweise tiefkühlen. Wenn du Lust darauf hast, einfach auftauen lassen und noch mal kurz im Backofen aufbacken. Sie schmecken dann wie frisch gebacken.

1 Für den Hefeteig das Mehl mit der Trockenhefe, dem Salz und dem Zucker in einer Schüssel verrühren. Den Pflanzendrink mit der Butter in einen Topf geben und leicht erwärmen. Dann zur Mehlmischung geben und alles in der Küchenmaschine oder mit den Knethaken des Handrührers mindestens 5 Minuten lang zu einem glatten, elastischen Teig verkneten. Decke die Schüssel mit einem Küchentuch ab und lass den Teig ca. 45 Minuten bei Zimmertemperatur gehen, bis er sich deutlich vergrößert hat.

2 Streiche eine Backform (etwa 20 x 20 cm oder 22–24 cm ø) mit Butter ein und rolle den Teig anschließend auf einer leicht bemehlten Arbeitsfläche auf etwa 30 x 40 cm aus.

3 Für die Füllung schmilzt du zuerst die Butter und bepinselst damit den Teig. Mische Zimt und Zucker und streue beides gleichmäßig darüber. Rolle den Teig von der langen Seite her auf und schneide ihn in ca. 3 cm breite Stücke. Setze die Schnecken in die vorbereitete Form und lasse sie abgedeckt bei Zimmertemperatur weitere 1–1,5 Stunden gehen. Die Schnecken sollten schön aufgegangen sein.

TIPP:
Die Größe der Form ist nicht so entscheidend. Nimm, was du hast. Sitzen die Zimtschnecken etwas enger aneinander, musst du sie gegebenenfalls 5 Minuten länger backen. Sie lassen sich aber zum Beispiel auch einzeln in einer gefetteten Muffinform backen.

4 Den Backofen gegen Ende der Gehzeit auf 180 °C Ober-/Unterhitze vorheizen. Die Zimtschnecken auf dem mittleren Einschub 20 Minuten goldbraun backen. Verrühre für die Glasur den Frischkäse mit dem Puderzucker und verteile die Mischung über die noch warmen Zimtschnecken. Am besten frisch und warm genießen.

Banana Bites

MIT PEANUT BUTTER

ZUTATEN
Für 1 Portion
ca. 5 Minuten
Kühlen: ca. 45 Minuten

- 1 Banane
- 50 g veganer Joghurt natur
- 3 TL Erdnussmus
- 1 TL Ahornsirup
- 1 EL Schokodrops (wer mag)

Die Banana Bites sind perfekt für eine kleine Nascherei zwischendurch! Supereasy gemacht und erinnern sogar ein wenig an »richtiges« Eis!

1 Schneide die Banane in Scheiben. Ich schneide 1–2 cm dicke Scheiben, aber du kannst sie so dick oder dünn schneiden, wie du magst.

2 Verrühre in einer Schale den Joghurt mit dem Erdnussmus und dem Ahornsirup.

3 Tauche die Bananenscheiben in die Joghurtmischung, bis sie komplett umhüllt sind. Am einfachsten geht das mithilfe einer Gabel. Verteile die Scheiben anschließend auf einem Teller oder Backpapier und bestreue sie, wenn du magst, mit den Schokodrops. Für ca. 45 Minuten ins Tiefkühlfach stellen, dann herausnehmen, ablösen und genießen!

Vegane Joghurt Bars

MIT FRÜCHTEN

ZUTATEN

Für 1 Portion

ca. 5 Minuten

Kühlen: ca. 1 Stunde

- 100 g veganer Joghurt natur
- 1 TL Agavendicksaft
- 3 Erdbeeren (oder Früchte nach Wahl)
- 2 EL Mandelsplitter

Diese Joghurt Bars sind eine perfekte Erfrischung für zwischendurch und können je nach Geschmack ganz einfach verändert werden. Ob mit verschiedenen Nüssen, mit Schokoladenstückchen, eingerührtem Nussmus, Kakao, anderen Früchten oder auch Gewürzen wie zum Beispiel Zimt oder Vanille: Deiner Kreativität sind keine Grenzen gesetzt!

1 Verrühre den Joghurt in einer Schale mit dem Agavendicksaft und verstreiche ihn relativ dick auf einem Stück Backpapier.

2 Wasche die Erdbeeren und schneide die Stielansätze heraus. Schneide die Früchte in kleine Stücke und verteile sie zusammen mit den Mandelsplittern auf dem Joghurt. Für 1 Stunde tiefkühlen und dann genießen!

No bake

BERRY CHEESECAKE

ZUTATEN

Für 12 Stücke (Springform 18–20 cm Ø)

ca. 30 Minuten

Kühlen: ca. 3 Stunden

FÜR DEN BODEN:

- 80 g vegane Butter
- 200 g vegane Kekse (deine Lieblingskekse)

FÜR DIE CREME:

- 1 Zitrone
- 350 g TK-Beerenmischung
- 50 g Zucker
- 2 Beutel Agar Agar (je 15 g, für je 500 g Zubereitung)
- 600 g veganer Frischkäse
- 150 g Puderzucker
- 100 ml Sojasahne (oder eine andere pflanzliche Sahne)

AUSSERDEM:

- 250 g frische Beeren (z.B. Erdbeeren, Himbeeren, Heidelbeeren oder rote Johannisbeeren)

Dieser sündhaft gute Cheesecake lässt Herzen höher schlagen! Er ist in wenigen Schritten zubereitet und das ganz ohne Backen. Gerade im Sommer sind Kühlschranktorten ideal. Je nachdem, welche Beeren du nimmst, kannst du immer wieder variieren. Ich liebe die Torte auch als Blueberry Cheesecake. Wenn du eher säuerliche Beeren nimmst, zum Beispiel eine reine Himbeer-Torte daraus machst, gehst du einfach mit der Zuckermenge ein bisschen hoch.

1 Stelle einen Tortenring auf 18–20 cm ø ein und setze ihn auf eine Tortenplatte. Falls du keinen Tortenring hast, kannst du natürlich auch eine Springform verwenden.

2 Die vegane Butter in einem kleinen Topf bei niedriger Temperatur schmelzen. Die Kekse mit einer Küchenrolle oder in der Küchenmaschine zerkleinern und in eine Schüssel geben. Die Butter zugeben und alles gut mischen. Die Bröselmischung in die Form füllen, glatt streichen und andrücken. Stelle alles in den Kühlschrank, damit der Boden schon mal festwerden kann.

3 Für die Füllung presst du zuerst die Zitrone aus. Gib die Hälfte des Zitronensafts mit den Beeren, dem Zucker, 150 ml Wasser und einem Beutel Agar Agar in einen Topf. Bringe die Mischung unter Rühren zum Kochen und lasse alles ca. 2 Minuten köcheln. Ziehe dann den Topf vom Herd, damit die Mischung etwas abkühlen kann.

4 Den veganen Frischkäse mit dem Puderzucker und dem übrigen Zitronensaft verrühren. Die Sojasahne mit dem zweiten Päckchen Agar Agar in einem kleinen Topf verrühren und aufkochen. Lasse auch diese Mischung 2 Minuten kochen und rühre sie anschließend unter die Frischkäse-Mischung. Verteile jetzt die Masse auf zwei Schüsseln und püriere die Beerenmischung. Falls du eine ganz glatte Torte ohne

TIPP:
Bevor du das Beerengelee auf die Cheesecake-Beerenmischung verteilst, sollte die zweite Schicht schon etwas fest geworden sein. Falls die Schicht noch ganz weich ist, stell den Cheesecake für 10 Minuten in den Kühlschrank.

Kerne magst, streichst du die Beerenmischung durch ein Sieb, wenn dich die Kerne nicht stören, lässt du es einfach. Rühre etwa zwei Drittel davon unter eine Hälfte der Cheesecake-Masse.

5 Hole den Boden aus dem Kühlschrank und verteile zuerst die helle Cheesecake-Creme darauf. Glatt streichen und anschließend die Beeren-Cheesecake-Mischung darauf verteilen. Wieder glatt streichen und zum Schluss die restliche Beerensoße darüber verteilen.

6 Stelle die Torte zum Festwerden für 2–3 Stunden in den Kühlschrank. Löse den Rand und verziere deinen Cheesecake mit frischen Beeren.

NOCH ETWAS:
Ein verstellbarer Tortenring ist sehr praktisch, weil man die Torte gleich auf der passenden Kuchenplatte zubereiten kann und sie später nicht umständlich umsetzen muss. Wer keinen hat, kann natürlich auch eine passende Springform verwenden. Dann den Boden mit Backpapier bespannen. Zum Umsetzen der fertigen Torte einen flachen Kuchenuntersetzer verwenden.

Fudgy White Chocolate Cookies

MIT MACADAMIANÜSSEN

ZUTATEN

Für 15 Stück

ca. 15 Minuten

Backen: ca. 12 Minuten

- 225 g vegane Butter
- 200 g brauner Zucker
- 100 g gesalzene Macadamianüsse
- 100 g vegane weiße Schokolade
- 300 g Weizenmehl Type 550
- ½ TL Backpulver
- ½ TL Natron

Diese Cookies sind nichts für schwache Nerven! Unfassbar fudgy, chewy, nussig und schokoladig. Richtig gut schmecken sie übrigens mit Eis und einem guten Film!

1 Heize den Backofen auf 180 °C Ober-/Unterhitze vor und lege zwei Backbleche mit Backpapier aus.

2 Verquirle die Butter mit dem Zucker 3–4 Minuten schaumig und hacke die Macadamias und die Schokolade in grobe Stücke. Verrühre das Mehl und Backpulver und Natron und mische alles zusammen mit den Nüssen und der Schokolade unter die aufgeschlagene Butter.

3 Steche aus der Masse mit einem Esslöffel 15 Portionen ab und forme jede zu einer Kugel. Setze sie mit reichlich Abstand auf die beiden Backblech und drücke sie etwas flach. Backe die Cookies blechweise 10–15 Minuten, je nachdem wie gebräunt du sie magst.

4 Sind die Ränder leicht gebräunt, die Cookies aus dem Ofen nehmen. Das Backblech ein- bis zweimal auf der Arbeitsfläche aufklopfen. So »setzen« sich die Cookies. Auf dem Blech abkühlen lassen. Die übrigen Cookies auf dem zweiten Backblech ebenso backen.

TIPP:
Anstelle der gesalzenen Macadamias kannst du auch ungesalzene nehmen. Dann können einige Salzflocken den Cookies eine spezielle Note verleihen.

REFLEXION

Lieber alleine kochen oder gemeinsam?

....

....

Mango Sticky Rice

MIT WARMER KOKOSCREME

ZUTATEN

Für 2–3 Portionen

ca. 20 Minuten

Einweichen: mind. 4 Stunden

Dämpfen: ca. 30 Minuten

Ziehen: ca. 2 Stunden

FÜR DEN REIS:

- 300 g Klebreis
- 250 ml Kokosmilch
- 70 g Rohrohrzucker
- 1 Prise Salz
- 2–3 Pandanblätter (wer mag)

FÜR DIE SOSSE:

- 150 ml Kokosmilch
- ½ EL Speisestärke oder Tapiokastärke
- 2 EL Rohrohrzucker
- 1 Prise Salz

FÜR DAS TOPPING:

- Sesamsamen, Kokosflocken, gehackte und geröstete Erdnüsse oder geröstete Mungobohnen

Ich sage folgende Worte, ohne zu übertreiben: Wenn ich nur ein Dessert für den Rest meines Lebens essen könnte, dann wäre es dieses. Einerseits, weil es mich an meine Reisen in Südostasien erinnert, und andererseits, weil es einfach in allen Aspekten ein perfektes Dessert für mich ist. Fruchtig, cremig, süß und einfach perfekt. Sagte ich schon, dass es »perfekt« ist?
Du kannst die Mango natürlich auch durch andere Früchte austauschen. Einfach mal durchprobieren!

1 Am besten schon am Tag vorher den Reis in ein Sieb geben und sehr gründlich mit kaltem Wasser waschen, bis das Wasser klar bleibt. Dieses Waschen ist tatsächlich wichtig, damit am Ende die Konsistenz stimmt. Gib dann den Reis in eine Schüssel und bedecke ihn mit kaltem Wasser. Lasse ihn mindestens 4 Stunden oder über Nacht quellen.

2 Nach 4 Stunden oder am nächsten Tag den Reis in ein Sieb geben und einige Minuten abtropfen lassen. Auch das ist wichtig, damit du beim Dämpfen ein gleichmäßiges Ergebnis erzielst.

3 Fülle ca. 1 Liter Wasser in deinen Dampftopf und setze den Dämpfeinsatz ein. Lege ein dünnes Leinen- oder Baumwolltuch darauf aus und gib den Reis darauf. Alle vier Seiten des Tuchs hoch zur Mitte ziehen, damit der Reis in der Mitte des Aufsatzes zu einer Art »Kugel« geformt wird. Dann kann an den Seiten Wasserdampf emportreten und der Reis wird von allen Seiten gedämpft. Statt eines Topfes kannst du für diesen Schritt natürlich auch einen traditionellen Bambusdämpfer nehmen.

4 Bringe das Wasser zum Kochen und dämpfe den Reis auf mittlerer bis hoher Stufe 25–30 Minuten gar. Wichtig: Bereite in dieser Zeit schon den nächsten Schritt für den Reis vor!

TIPP:
Pandanblätter gibt es in Asia-Läden. Ihr Aroma passt sowohl zu süßen als auch zu herzhaften Gerichten wie z.B. Currys. Die Reste der Packung bewahre ich im Tiefkühlfach auf und nehme mir einfach immer die gewünschte Menge davon weg.

5 Gib dafür die Kokosmilch mit Zucker, Salz und Pandanblättern in einen Topf. Erhitze unter Rühren alles bei kleiner Hitze, damit sich das Aroma der Pandanblätter entfalten kann. Sobald sich der Zucker aufgelöst hat, kannst du die Hitze ausschalten und den Topf vom Herd nehmen. Sobald der Reis fertig ist, kommt das Pandanblatt heraus und die Mischung wird noch einmal kurz erhitzt.

6 Fülle den fertig gedämpften Reis in eine Schüssel und gib sofort die süße, heiße Kokosmilch dazu. Beides gut verrühren, mit einem Teller abdecken, damit die Hitze nicht entweicht, und dann 30–40 Minuten ziehen lassen, bis der Reis die komplette Kokosmilch aufgenommen hat.

7 Für die Soße die restliche Kokosmilch in einen Topf geben. Die Stärke in einem Esslöffel kaltem Wasser anrühren und dann mit Zucker und Salz zur Kokosmilch geben. (Das Salz gibt hier noch einiges an Geschmack!) Alles zusammen unter Rühren so lange erhitzen, bis die Kokosmilch leicht andickt. Beim Abkühlen wird die Soße dann nochmal etwas cremiger.

AUSSERDEM:

- dünnes Leinen- oder Baumwolltuch
- Dampfgarer oder Topf mit Dämpfeinsatz
- 2 Mangos

8 Die Mango schälen und in Streifen schneiden. Auf einem Teller die gewünschte Menge an Sticky Rice anrichten, jeweils einige Mangostreifen dazulegen und alles mit der Kokos-Soße toppen. Wer mag, kann jetzt Sesamsamen, Kokosflocken oder Erdnüsse darüberstreuen oder geröstete Mungobohnen darübergeben. Wenn du dich für die Mungobohnen entscheidest: Koche sie mit 2–3 Esslöffeln Wasser in ca. 6 Minuten gar, gieße sie dann in ein Sieb und röste sie in einer beschichteten Pfanne goldbraun.

Black & white

SCHOKO-FUDGE-WÜRFEL

ZUTATEN

Für ca. 12 Stück

ca. 20 Minuten

Kühlen: ca. 20 Minuten

FÜR DIE DUNKLE MISCHUNG:

- 60 g Zartbitterschokolade
- 40 g Haselnussmus
- 4 TL Kokosblütenzucker

FÜR DIE HELLE MISCHUNG:

- 60 g weiße Schokolade
- 30 g Cashewmus
- 2 TL Kokosblütenzucker

VORSCHLÄGE FÜR DAS TOPPING:

- je 2 EL gefriergetrocknete Beeren (z.B. Blaubeeren oder Himbeeren aus dem Bio-Laden), gehackte Nüsse oder Kerne (z.B. Haselnüsse, Erdnüsse, Cashewkerne, Sonnenblumenkerne), zerkrümelte Kekse oder Kokosflocken

AUSSERDEM:

- Eiswürfelbereiter aus Silikon oder Edelstahl

Diese Schoko-Würfel sind easy und schnell gemacht. Sie eignen sich hervorragend als kleiner Snack zwischendurch und immer dann, wenn man Lust auf etwas Süßes hat. Durch das Nussmus und die verschiedenen Toppings sind sie aufregender als ein Stück Schokolade und halten außerdem auch länger satt.
PS: Sie sind auch perfekt als kleiner Weihnachtsgruß.

1 Beide Schokoladensorten getrennt voneinander zerkleinern und in zwei Schüsseln über dem Wasserbad unter Rühren schmelzen. Anschließend in jede Schokoladensorte die restlichen Zutaten der Mischung rühren.

2 Die Eiswürfelformen zuerst mit der dunklen Mischung zur Hälfte füllen, die andere Hälfte mit der hellen. Verteile dann die jeweils andere Sorte oben drauf und verrühre die Sorten ein bisschen zu einem schönen Muster. Am besten geht das mit einem Holzspieß oder einer kleinen Gabel.

3 Streue nun die Toppings, auf die du Lust hast, auf die Oberflächen der Würfel und stelle alles für ca. 20 Minuten ins Tiefkühlfach. Anschließend werden die Würfel vorsichtig herausgelöst und im Kühlschrank aufbewahrt. Dort sind sie mindestens 1 Woche haltbar. Alternativ kannst du sie auch luftdicht verschlossen bei Zimmertemperatur aufbewahren – je nachdem, ob du sie lieber etwas fester oder weicher magst.

TIPP:

Du kannst die Mischung auch mit Aromen peppen. In die dunkle Mischung passt zum Beispiel 1 Prise Zimt, Spekulatius-Gewürz oder Salz, in die helle Mischung passt zum Beispiel Vanillemark oder 1 Prise Kardamom. Auch bei den Toppings bist du völlig frei. Lasse deiner Kreativität freien Lauf! Die Basis bilden im Prinzip nur Schokolade und Nussmus – der Rest ist dir freigestellt.

Schokomuffins

MIT FLÜSSIGEM KERN

ZUTATEN
Für 12 Stück
ca. 15 Minuten
Backen: ca. 25 Minuten

FÜR DEN TEIG:
- 150 g Vollkorndinkelmehl (oder helles Dinkelmehl Type 630)
- 100 g gemahlene Haselnüsse
- 30 g dunkles Kakaopulver
- 50 g weiße und dunkle Schokostückchen
- 50 g Kokosblütenzucker
- 8 g Backpulver
- 1 Prise Salz
- 60 g dunkle Schokolade (ich habe Schokolade mit 85 % Kakaoanteil genommen, ohne Industriezucker)
- 50 g Kokosöl
- 1 kleine Zucchini (130–150 g)
- 2 reife Bananen
- 200 ml Pflanzendrink (z.B. Haferdrink oder Mandeldrink)

FÜR DIE FÜLLUNG:
- 150 g Haselnuss-Schoko-Creme

Diese Schokomuffins sind sündhaft gut und werden jedes Schokoherz sehr glücklich machen! Sie sind perfekt für Geburtstage oder als süßes Geschenk für eine wichtige Person in deinem Leben.

1 Heize den Backofen auf 180 °C Ober-/Unterhitze vor und fette die Mulden deines Muffinblechs mit etwas Kokosöl ein.

2 Verrühre nun alle trockenen Zutaten in einer Schüssel. Hacke die dunkle Schokolade und schmelze sie zusammen mit dem Kokosöl.

3 Die Zucchini waschen und auf der Gemüsereibe klein raspeln. (Du schmeckst die Zucchini am Ende nicht heraus, sie sorgt aber dafür, dass deine Muffins schön saftig werden.) Die Bananen in Stücke schneiden und mit einer Gabel so lange zerdrücken, bis sie cremig sind.

4 Verrühre nun alle feuchten Zutaten und gieße die Mischung zu den trockenen. Alles gut verrühren und anschließend auf die Mulden des Muffinblechs verteilen. Jeweils 1 Teelöffel der Haselnuss-Schokocreme darauf verteilen und mit ein wenig Teig vom Rand bedecken.

5 Schiebe dein Blech in den Ofen und backe die Muffins 25–30 Minuten. Anschließend vorsichtig aus den Mulden holen und auf einem Kuchengitter auskühlen lassen. Zum Schluss kannst du sie noch mit etwas dunklem Kakaopulver bestäuben.

AUSSERDEM:

- 3 TL Kokosöl zum Einfetten
- dunkles Kakaopulver zum Verzieren

TIPP:

Wie bei fast allen meiner Rezepte kannst du auch hier schön abwechseln: Du kannst statt der gemahlenen Haselnüsse auch gemahlene Mandeln verwenden, statt der Haselnuss-Schoko-Creme kannst du auch kleine vegane Mini-Pralinen im Teig verstecken und natürlich kannst du die Muffins auch nach dem Abkühlen mit dunkler Kuvertüre bestreichen und mit allem bestreuen, was dir gefällt.

Vegane Zitronencreme

MIT KOKOS UND CASHEW

ZUTATEN

Für 4–6 Portionen
ca. 15 Minuten
Einweichen: 6 Stunden (oder über Nacht)
Kühlen: 3–4 Stunden

- 3 unbehandelte Zitronen (etwa 150 ml Saft)
- 100 g Cashewkerne
- 100 g Macadamianüsse
- 400 ml Kokosmilch
- 120 g Zucker
- 1 TL Kurkumapulver (schön für die Farbe)
- 1 Prise Salz

Diese zarte und leicht moussige Creme ist ein perfektes Dessert für die, die es frisch, fruchtig und leicht exotisch mögen. Mich versetzt sie gedanklich direkt in den Sommer!

1 Wasche die Zitronen, tupfe sie trocken und reibe die Schale fein ab. Rolle dann die Zitronen hin und her, so bekommst du mehr Saft, und presse sie anschließend aus.

2 Lege einen Teelöffel Schalenabrieb für die Deko beiseite. Die übrige Zitronenschale mit dem Zitronensaft, den Cashewkernen, Macadamias, Kokosmilch, Zucker, Kurkuma und Salz im Mixer sehr fein pürieren.

3 Die Mischung in 4 Gläser verteilen und abgedeckt 3–4 Stunden kalt stellen. Mit den beiseitegelegten Zitronenzesten bestreut servieren.

TIPP:
Verwende unbehandelte Zitrusfrüchte. Alle anderen sind mit ungesunden Stoffen behandelt, die zwar für eine längere Haltbarkeit sorgen, aber die Schale ungesund macht. Du kannst bei den Zitrusfrüchten auch variieren, denn die Mousse schmeckt natürlich auch mit Orangen oder mit Limetten.

REFLEXION

Meine peinlichsten und lustigsten Küchenfails:

....

....

Mousse au Chocolat

MIT AQUAFABA

ZUTATEN

Für 2 Portionen

ca. 15 Minuten

Kühlen: mindestens 2 Stunden

- 100 g dunkle Schokolade
- Aquafaba von 1 Dose Kichererbsen (ca. 150 ml)
- 1 Packung Sahnesteif
- 2 EL Puderzucker
- 1 Packung Vanillezucker

Dieses Rezept hat mich persönlich sehr überrascht! Ich habe vor einiger Zeit auf einer Reise ein veganes Mousse au Chocolat in einem Hotel bestellt und konnte nicht genug bekommen! Daraufhin gab es bei mir dieses Dessert jeden Tag, bis zur Abreise. Als ich wieder zu Hause war, habe ich beschlossen, es selbst zu versuchen. Die Zutat Aquafaba, also Kichererbsenwasser, mag erst mal abschreckend klingen (war es für mich zuerst auch), aber das Zeug ist wirklich ein Wundermittel und man kann so viel damit machen. Probiere es unbedingt aus!

1 Die Schokolade klein hacken und über einem heißen Wasserbad schmelzen.

2 Gieße das Aquafaba in eine Schüssel und schlage es mit dem Sahnesteif, dem Puderzucker und dem Vanillezucker für ca. 3 Minuten schaumig und fest.

3 Gieße langsam die geschmolzene Schokolade zum Schaum und hebe alles gründlich unter. Die Masse sollte am Schluss nicht mehr schaumig sein, sondern eher cremig. Nur dann wird die Mousse im Kühlschrank schön fest.

4 Stelle die Schüssel abgedeckt für mindestens 2 Stunden in den Kühlschrank und dann genieße es!

REFLEXION

Dieses Essen macht mir besonders gute Laune:

....

....

Food Diary

Canon
SET
START/
STOP
RATE
INFO
MENU

SET
Canon
INFO.
MENU
RATE

DANKE

Natürlich stehe ich nicht allein hinter diesem Kochbuch, sondern auch eine kleine Reihe toller Menschen, die ebenfalls ihr Herz und ihre Liebe in die Entstehung dieses Werks gesteckt haben!

Zuallererst möchte ich Nicole danken, die mir immer zur Seite steht und mich zu diesem Schritt ermutigt hat. Danke für deine nie endende Positivität und Unterstützung!

Dann möchte ich mich auch bei meinen Schwestern und meinem besten Freund Orlando bedanken, die viele Stunden bis zu mir gereist sind, um mich beim Kochen und Fotografieren der Gerichte zu unterstützen. Denn alle Bilder, die du in diesem Kochbuch gesehen hast, sind bei mir zu Hause entstanden. Das war doch mehr Arbeit als erwartet und ich hätte es nicht ohne die Hilfe meiner Familie und Freunde hinbekommen. Riesiges »Danke« an euch!

Danke auch an Susann, die mir bei der Erstellung vieler Rezepte ihre Expertise geliehen und mir unter die Arme gegriffen hat.

Ein weiterer Dank gilt dem Team von Community Editions, die mich von Anfang an in allen Belangen unterstützt und mir so viel Vertrauen geschenkt haben.

Besonders danke ich Karo, die für die tolle Aufmachung des Buches, für die Gestaltung und vieles mehr verantwortlich ist!

Dann geht natürlich ein besonderer Dank an alle, die dieses Buch in den Händen halten. Danke dir! Ich hoffe, du hast Spaß und Freude mit meinen Rezepten.

ÜBER SHANTI TAN

Shanti Tan begann bereits 2012 damit, regelmäßig YouTube-Videos hochzuladen, und hat sich über die Jahre mit ihrer sympathischen und nahbaren Art eine treue Fanbase aufgebaut, die tägliche Einblicke in ihr Leben und in den letzten Jahren insbesondere in ihre Küche bekommt.

Auf ihrem YouTube-Kanal *Shanti Tan* und ihrem Instagram-Account *shantijoantan* zeigt sie regelmäßig ihre Food-Favoriten, teilt ihre leckeren veganen Rezepte und ihre beliebten Food Diaries. Ihre Leidenschaft fürs Kochen und Experimentieren in der Küche sorgt regelmäßig für superleckere Überraschungen!

Register

IMPRESSUM

In the mood for food
Essen, das glücklich macht

MIX
Papier aus verantwortungsvollen Quellen
FSC® C106632

1. Auflage

Weyerstraße 88–90
50676 Köln

Texte: Shanti Tan
Projektleitung & Redaktion: Karolina Timoschadtschenko
Redaktionelle Unterstützung: Susann Kreihe
Lektorat: Eva Neisser
Layout, Design & Satz: BUCH & DESIGN Vanessa Weuffel
Fotos: Cover-Sticker, S. 6, 19, 188: © Tobias Holzweiler; Alle anderen: © Shanti Tan.
Illustrationen: Blitz (stock.adobe.com: © Fredy Sujono), Hände (stock.adobe.com: © Dariia), Herz (stock.adobe.com: © helen_f), Papierhintergrund (stock.adobe.com: © svetlanais), Kochlöffel und Basilikum (creativemarket.com: © Crocus Paperi)

Gesetzt aus der *Archer* von © Tobias Frere-Jones und Jonathan Hoefler, *DIN* © Albert-Jan Pool, *Beyond the Mountains* © StereoType, *Morning Glory* © Colllab Studio, *Pink Lemonade* © Ivet Ramirez und der *Impact Label* © Tension Type.

Gesamtherstellung: Community Editions GmbH

ISBN 978-3-96096-190-1

Printed in Poland

www.community-editions.de